Nützliche Reisetips von A - Z

UNGARN

W0012362

1991

Hayit Verlag Köln

Was Sie beim Gebrauch dieses Buches wissen sollten

Bücher der Serie „Nützliche Reisetips von A—Z" bieten Ihnen eine Vielzahl von handfesten Informationen. In alphabetischer Reihenfolge klar gegliedert finden Sie die wichtigsten Hinweise für Ihre Urlaubsreise. Querverweise erleichtern die Orientierung, so daß man, auch wenn das Stichwort, beispielsweise „Ferienwohnungen", nicht näher beschrieben wird, jederzeit das ausführlich behandelte Stichwort findet, hier: „Unterkunft". Auf thematisch verwandte Stichworte wird ebenfalls häufig verwiesen. Z. B. sind unter dem Stichwort „Medikamente" folgende Verweise aufgeführt: „Ärztliche Versorgung", „Reiseapotheke", „Apotheken", „Impfungen".

Mit Reiseführern der Serie „Nützliche Reisetips von A—Z" beginnt die umfassende Information bereits vor Antritt Ihrer Urlaubsreise. So erfahren Sie alles von Anreise über Dokumente und Kartenmaterial bis zu Zollbestimmungen. Das Reisen im Land wird erleichtert durch umfassende Darstellung der öffentlichen Verkehrsmittel, Autoverleihe sowie durch viele praktische Tips von der Ärztlichen Versorgung bis zu den (deutschsprachigen) Zeitungen im Urlaubsland.

Die Städtebeschreibungen, die ebenfalls alphabetisch geordnet sind, enthalten die wichtigsten Fakten über die jeweilige Stadt, deren Geschichte sowie eine Beschreibung der Sehenswürdigkeiten. Zusätzlich enthalten die Städte-Kapitel eine Fülle an praktischen Tips — von Einkaufsmöglichkeiten, Restaurants, Unterkünften bis zu den wichtigsten Adressen vor Ort. Doch auch das Hintergrundwissen für die Reise kommt in dieser Serie nicht zu kurz. Wissenswertes über die Bevölkerung und ihre Kultur findet sich ebenso wie über die Geographie, die Geschichte, die aktuelle politische Lage und die wirtschaftliche Situation des Landes.

Als besonderen Leserservice bieten die Bücher der Reihe „Nützliche Reisetips von A—Z" Preisangaben in harter Währung, so daß Sie sich in Ländern mit hoher Inflationsrate eine bessere Übersicht verschaffen können. Alle im Buch genannten Preise wurden in Deutsche Mark umgerechnet.

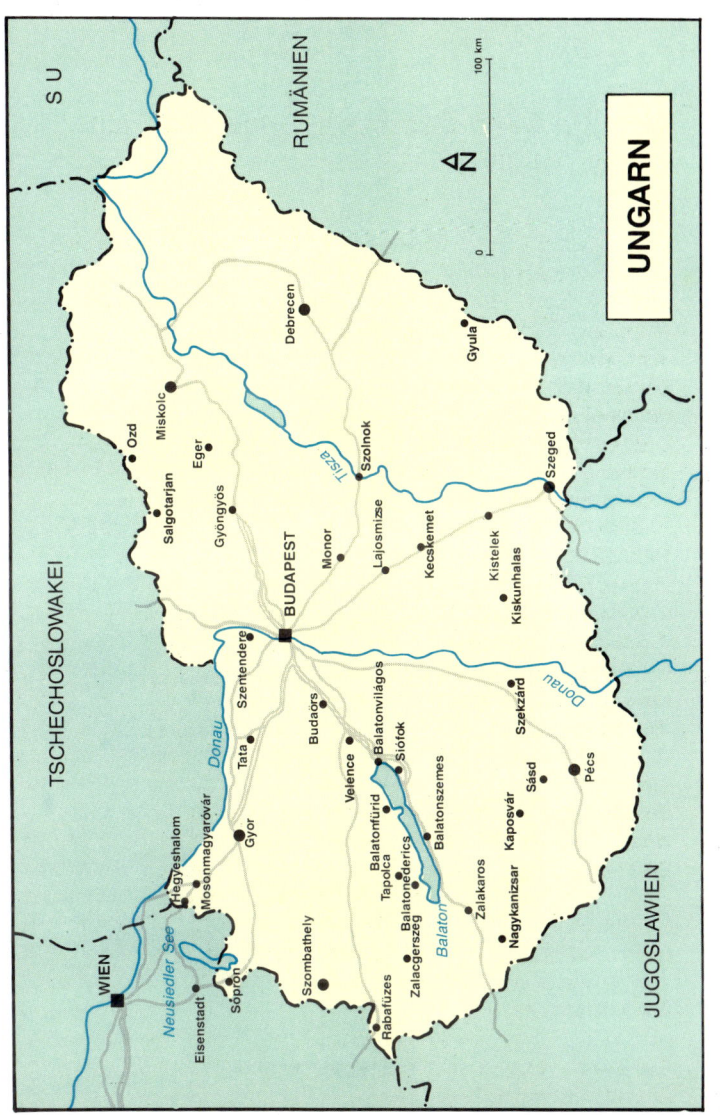

Die Deutsche Bibliothek — CIP-Einheitsaufnahme
Schameitat, Klaus:
Ungarn / [Autor: Klaus Schameitat]. - 3., überarb. und
aktualisierte Aufl. - Köln : Hayit, 1991
  (Nützliche Reisetips von A - Z)
  ISBN 3-89210-409-3
NE: HST

1. Auflage 1988
2. überarbeitete und aktualisierte Auflage 1989
3. überarbeitete und aktualisierte Auflage 1991
ISBN 3-89210-409-3

© copyright 1988, 1989, 1991, Hayit Verlag GmbH, Köln
Autor: Klaus Schameitat
Satz: Hayit Verlag GmbH, Köln
Druck: Laupenmühlendruck, Bochum
Cover-Foto: W. u. V. Weise
Fotos: Klaus Schameitat, W. u. V. Weise, Ungarisches Fremdenver-
kehrsbüro
Karten: Ralf Tito

3.3/10.1/Hu/Wa//Gj

Inhalt

Ärztliche Versorgung

Das ungarische Gesundheitswesen genießt einen guten Ruf. Wenngleich auch nicht alle medizinischen Einrichtungen modern wirken, so kann man doch auf die medizinischen Kenntnisse vertrauen. Es gibt im Lande eine ganze Reihe berühmter Heilbäder, Kurorte und Spezialkliniken, deren preisgünstige Leistungen auch in Westeuropa gefragt sind. In einigen Grenzorten zu Österreich (z. B. Sopron) blüht neuerdings der Gesundheitstourismus: Zahnersatz ist hier sehr preisgünstig! Rein statistisch gesehen muß ein Arzt in Ungarn durchschnittlich 308 Einwohner versorgen, in der Bundesrepublik Deutschland hingegen etwa 400. Die Versorgung mit Krankenhausbetten entspricht etwa der in Deutschland. Es gibt neben den staatlichen Krankenhäusern und Ambulatorien auch eine größere Zahl von privaten Ärzten.

Wichtige Wörter: *orvos* = Arzt, *fogorvos* = Zahnarzt, *kórház* = Krankenhaus, *elsősegély* = Erste Hilfe.

→*Apotheken, Krankenscheine, Notfall, Reiseapotheke*

Aggtelek (NO-Ungarn, Nordungarisches Mittelgebirge)

Als kleines Dorf mit 900 Einwohnern, in einem abseitigen Winkel des Landes gelegen, wäre Aggtelek vermutlich völlig unbekannt, wenn es hier nicht eine große Natursehenswürdigkeit gäbe: die riesige *Baradla-Höhle*, eine der schönsten Tropfsteinhöhlen Europas. Die malerische Mittelgebirgsgegend im äußersten Nordzipfel Ungarns, zwischen den kleinen Flüssen Sajó und Bódva, ist ein Ausläufer des Slowakischen Erzgebirges. Der zerklüftete und von Hohlräumen durchsetzte Kalksteinuntergrund führte zu dem geographischen Namen „Karst von Aggtelek" (Kalkstein ist wasserlöslich und wird durch Regenwasser ausgehöhlt und zerfurcht!). Unweit der tschechoslowakischen Grenze, zwischen den Dörfern Aggtelek und Jósvafő, liegt die genannte *Baradla-Höhle* (*Baradla-barlang*), deren Gänge insgesamt 23 km lang sind. Davon liegen 7 km unter dem Territorium der ČSSR (dortige Domica-Höhle; unterirdisch zugänglich!). Auf ungarischer Seite sind heute 7 km für den Tourismus erschlossen und elektrisch beleuchtet.

Es gibt drei Eingänge in das Höhlensystem (in Aggtelek, in Jósvafő und beim Vörös-tó); die Führungen dauern zwischen einer und zweieinhalb Stunden. Leider gibt es bislang Erläuterungen fast nur in ungarischer Sprache. Vor einer Besichtigung sollte man bedenken, daß die Temperaturen in der Höhle ganzjährig 10-12 °C betragen (also eine Jacke mitnehmen!).

Die Höhlengänge führen in einen riesigen Felsensaal, in dem sich ein See von 500 m x 15 m erstreckt, auf dem man mit Akku-Booten umherfahren kann. Dabei sieht man interessante Beleuchtungseffekte. Weiterhin gibt es einen

Saal, in dem regelmäßig Konzerte veranstaltet werden. Vor dem Höhleneingang in Aggtelek befindet sich eine ständige Ausstellung über die Entstehungsgeschichte, über urzeitliche Funde aus der Höhle, über die unterirdische Flora und Fauna und noch einiges mehr. Im Ort Jósvafő wurde 1952 ein weiterer Stollen entdeckt, der seit 1969 unter dem Namen *Friedenshöhle* (*Béke-barlang*) zur Behandlung von Erkrankungen der Atmungsorgane benutzt wird.

Noch einige Angaben, die fast jeder Höhlenbesucher wissen will (falls keine deutschsprachige Führung möglich ist): Die Tropfsteingebilde, die bis zu 25 m hoch sind, entstehen aus verdunstendem Kalkwasser im Verlaufe von mehreren hunderttausend Jahren; für 1 mm muß man 12 bis 15 Jahre rechnen! Hängende Gebilde werden Stalaktiten, stehende Stalagmiten genannt. Die dunklen Flecken, vor allem an den Decken der Höhle, sind auf den Ruß von Fackeln zurückzuführen, mit denen die Urmenschen und eventuell auch Flüchtlinge in späterer Zeit die Höhle beleuchtet haben — der Ruß wurde durch das herabtropfende Kalkwasser konserviert.

Aggtelek / **Praktische Informationen**

Autoservice: Nächste Bleifrei-Tankstelle in Ózd auf der Tanácsköztársaság út.

Camping: ,,Baradla Kemping'' (Kat. II; Tel. 6), große offene Baumwiese vor dem Höhleneingang in Aggtelek (geöffnet 1.5. bis 15.10.).

Einkaufen: Kleine Lebensmittelgeschäfte in Aggtelek und Jósvafő vorhanden.

Essen und Trinken: Restaurant ,,Cseppkő'' in Aggtelek und Restaurant ,,Tengerszem'' in Jósvafő; außerdem Campingbuffet.

Touristeninformation: Höhlenverwaltung (Barlang-igazgatóság), 3758 Jósvafő, Kültelek 2, Tel. 7. — Borsod Tourist in 3525 Miskolc, Széchenyi utca 35, Tel. 8 80 36.

Unterkunft: Hotel ,,Barlang'' (Kat. B) in Aggtelek beim Höhleneingang, Tel. 6, und renoviertes Hotel ,,Cseppkő'' mit Tennisplatz.

Verkehrsverbindungen: 210 bis 235 Straßen-km von Budapest. Regelmäßige Busverbindungen von Budapest und Miskolc aus. Nächste Bahnstation Jósvafő-Aggtelek bei Perkupa, weitere in Bánréve und Putnok (alles Stichbahnen ohne Weiterführung in die Tschechoslowakei). Straßengrenzübergänge in dieser Gegend bei Tornyosnémeti und bei Salgótarján; mit weiteren Grenzöffnungen ist aber zu rechnen.

Anreise

Mit dem Auto/Motorrad

Wer nicht gerade auf dem Rückweg von einer Balkan-Tour ist, wird in der Regel über Österreich nach Ungarn fahren. Die schnellste Route führt von München oder Passau aus über Linz und auf der österreichischen Autobahn A-1 bis Wien. Dort existiert kein Autobahnring: man kann nun ab Knoten Steinhäusl die A-21 nehmen (Umweg!) oder die Innenstadt südlich umgehen, indem man der Beschilderung ,,Budapest'' (anfangs gegebenenfalls auch ,,Preßburg/Bratislava'' oder ,,Flughafen'') folgt. Im letzteren Falle sollte man sich immer wieder vergewissern, daß man schließlich auf die Bundesstraße 10 kommt — sonst steht man womöglich plötzlich vor der tschechoslowakischen Grenze! Die beschriebene Route ist von Köln bis zur ungarischen Grenze gut 1000 km lang, besteht zum größten Teil aus Autobahnen, ist jedoch zumindest in der Hauptsaison sehr stark frequentiert. Eine Autobahn A-4 von Wien zur ungarischen Grenze ist inzwischen im Bau. Vom Grenzübergang Hegyeshalom, wo man oft längere Wartezeiten einkalkulieren muß, bis nach Budapest sind es noch 175 km.

Auch die beiden weiter südlich gelegenen Grenzstellen bei Sopron (Sopron und Kópháza) werden im Sommer von den Balaton-Touristen stark bestürmt. Wer etwas Zeit hat und auf der teilweise fertigen A-2 von Wien oder Baden aus zunächst in Richtung Graz fährt, kann den kleinen Grenzübergang bei Kőszeg oder den bei Szombathely (Bucsu) benutzen; beides lohnt aber nur, wenn man nicht sofort nach Budapest weiterfahren will. Schließlich existiert noch ein sechster Übergang ganz im Süden bei Szentgotthárd (Rábafüzes), der sich allerdings nur bei einer Anreise von Graz aus anbietet. Die Übergänge bei Szombathely und Kőszeg sind von Graz aus nur auf drittklassigen Straßen erreichbar. Östlich des Neusiedler Sees bei Pamhagen existiert ein neuer Grenzübergang. Alle sechs genannten Grenzstationen sind rund um die Uhr geöffnet.

Mit dem Autoreisezug

Ab Hannover, Köln oder Stuttgart gibt es von Mitte Juni bis Anfang September Autoreisezüge nach Siófok am Balaton. Der Preis für ein Auto inkl. Fahrer ab Köln beträgt 760 DM (einfache Fahrt mit Liegewagen); jeder weitere Mitreisende zusätzlich 125 DM. Frühzeitige Reservierung nötig!

Mit der Bahn

Eine Fahrkarte 2. Klasse von Köln nach Budapest kostet zur Zeit 221 DM (einfach) und 301 DM (retour) zu den Bedingungen des ,,Supersparpreises'' (unbedingt genauestens mögliche Sondertarife erfragen!). Die Reise im Zug geht über Wien und dauert mindestens 16 Stunden. Deshalb kann es ratsam sein, einen Liegewagenplatz zu nehmen (Zuschlag 24 DM). Man kann übrigens Fahrtkosten sparen, indem man das Ticket zunächst nur bis kurz hinter die ungarische Grenze löst (z.B. bis Mosonmagyaróvár) und dann innerhalb Ungarns auf die wesentlich niedrigeren Tarife der Ungarischen Staatsbahnen (MÁV) zurückgreift. Für die Rückfahrt ist zu beachten, daß die grenzüberschreitende Fahrkarte von Ungarn ins westliche Ausland auf jeden Fall in „harter Währung" zu zahlen ist; auch hier wieder am günstigsten von einem grenznahen Ort aus!

Wer unter 26 Jahre alt ist, kann in Ungarn auch das Interrail-Ticket nutzen; es lohnt sich jedoch nicht, dieses Ticket nur für eine Tour durch Ungarn zu kaufen. Da empfiehlt sich eher die Anreise mit dem Transalpino-Ticket und der Kauf weiterer Fahrkarten in Ungarn (→*Reisen im Land*). Dabei sollte man auch gleich an die Rückfahrt denken, weil Transalpino keine Vertretung in Ungarn hat!

Mit dem Bus

Es gibt regelmäßige Autobusverbindungen von München, Wien und Graz nach Budapest. Reservierungen und Buchungen können erfolgen über:
— Deutsche Touring GmbH (Europabus), Arnulfstr. 3, D-8000 München 2, Tel. 0 89/59 18 24 oder 59 18 25;
— Blaguss-Reisen, Wiener Hauptstr. 15, A-1040 Wien, Tel. 65 16 81;
— ÖBB-Autobushof, Landstrasser Hauptstr. 1 B, A-1030 Wien, Tel. 7 12 35 34;
— Reisebüro H. Matzer, Lendplatz 38, A-8020 Graz, Tel. 91 40 32;
— Volánbusz, Erzsébet tér, H-1051 Budapest V, Tel. 17 29 66 und 17 25 62.
Außerdem kann man sich an die Vertretungen des Ungarischen Reisebüros IBUSZ wenden (→*Touristeninformation*). Auch zahlreiche Reisebüros und -veranstalter bieten im Rahmen von Pauschalangeboten oder Städtetouren günstige Bustransfers nach Budapest.

Mit dem Flugzeug

Für den Linienflug München-Budapest zahlt man über 700 DM; weitere Abflüge ab Frankfurt und Düsseldorf. In den Sommermonaten kann man auch per Charterflug ab Köln/Bonn oder Hamburg fliegen. Genauere Informationen über die Auslandsvertretung von MALÉV:
— Baseler Str. 46-48, W-6000 Frankfurt/M., Tel. 0 69/23 40 43;
— Salvatorstr. 2, W-8000 München 2, Tel. 0 89/29 34 34;
— Budapester Str. 10, W-1000 Berlin 30, Tel. 0 30/2 61 48 67;
— Karl-Liebknecht-Str. 29, O-1000 Berlin, Tel. 00 37/58 41 43;
— Opernring 3-5, A-1010 Wien, Tel. 02 22/5 87 34 75;
— Pelikanstr. 37, CH-8000 Zürich, Tel. 01/2 11 65 65.

Der Flughafen Budapest-Ferihegy liegt im Südosten der Stadt (Bezirk XVIII). Um in die Innenstadt zu gelangen, gibt es zwei Möglichkeiten:
— mit dem VOLÁN-Bus bis zum zentral gelegenen Deák tér; alle 30 Minuten zwischen 5 und 23 h; Fahrzeit etwa 35 Minuten; Fahrscheine beim Busfahrer;
— mit dem städtischen Linienbus der BKV, Linie 93, bis zur Endstation der Metro-Linie M3 (blau) in Kőbánya-Kispest. Die Metro fährt ebenfalls zum Deák tér (Metro-Knotenpunkt); häufige Verbindungen zwischen ca. 5 und 22 h.

Mit dem Schiff
Von April bis September verkehren täglich Tragflügel- und Luftkissenboote auf der Donau zwischen Wien und Budapest (schöner Stromabschnitt). Die Fahrt dauert etwa 5 Stunden und kostet ab Wien etwa 105-112 DM (einfach) bzw. 170-175 DM (retour).
Das staatliche ungarische Schiffahrtsunternehmen MAHART unterhält u.a. folgende Kundenbüros:
— Karlsplatz 2-8, Wien I, Tel. 65 38 44;
— Belgrád rakpart 2, Budapest V, Tel. 18 17 04.

Wichtiger Exportartikel Ungarns — der Wein

Das österreichische Unternehmen DDSG (Erste Donau-Dampfschiffahrts-Gesellschaft) hat ihr Büro am Handelskai 265, Wien II, Tel. 26 65 36 und 26 65 55. Darüber hinaus stehen auch die IBUSZ-Vertretungen zur Verfügung (→*Touristeninformation*). Es gibt Zollstellen bei Komárom (von Österreich aus) und bei Mohács (von Jugoslawien aus). Auch auf der Theiß (Tisza) kann man einreisen; Zollstelle bei Szeged. Tankmöglichkeiten für Boote bestehen bei Komárom, Esztergom, Mohács und Szeged.

Apotheken

Apotheken sind an der ungarischen Aufschrift *gyógyszertár* kaum auf Anhieb zu erkennen. Es gibt jedenfalls genug davon, auch in kleineren Orten findet man eine. In den Städten sind in der Regel außerhalb der Geschäftszeiten die Adressen der diensthabenden Apotheken angeschrieben.

Medikamente sind meist nur gegen Rezept erhältlich. Sie sind relativ preiswert. Allerdings gibt es kaum westliche Arzneien, so daß man nur raten kann, regelmäßig einzunehmende Präparate in hinreichender Menge mitzunehmen.

Auskunft →*Touristeninformation*
Ausweispapiere →*Dokumente*

Automobilclubs

Um Straßenkarten, Tourenpakete, Verkehrsinformationen oder auch Schutzbriefe zu erwerben, wendet man sich an die nächste Geschäftsstelle des Autoclubs oder an die Hauptverwaltungen, z.B.:

— ADAC, Am Westpark 8, D-8000 München 70, Tel. 0 89/76 76-0;
— ACE, Schmidener Str. 233, D-7000 Stuttgart 50, Tel. 07 11/50 67-2 30;
— AvD, Lyoner Str. 16, D-6000 Frankfurt 71, Tel. 0 69/6 60 61;
— ÖAMTC, Schubertring 1-3, A-1010 Wien, Tel. 02 22/7 19 90;
— ACS, Theaterplatz 13, CH-3000 Bern 7, Tel. 0 31/22 38 13;
— TCS, Rue Pierre Fatio 9, CH-1204 Genève, Tel. 02 22/36 60 00.

Eine Mitgliedschaft (Jahresbeitrag) ist Voraussetzung, um in den Genuß von Serviceleistungen dieser Clubs zu kommen. In Ungarn gibt es den

— Magyar Autóklub (MAK), Rómer Flóris utca 4 A, H-1024 Budapest, Tel. 15 20 40.

Daran angeschlossen ist ein spezielles Reisebüro für Auto- und Wohnwagenreisen (AutoTours, gleiche Adresse, Tel. 15 28 86).

Der Pannendienst des MAK hat gelbe Fahrzeuge mit der Aufschrift *segélyszolgálat* (Hilfsdienst), die in Stützpunkten an den Hauptverkehrsstraßen stationiert sind. Ihre Leistungen sind für Mitglieder ausländischer Autoclubs kostenlos. Im Falle einer Panne hat man an der Autobahn M-7 die Möglichkeit, per Notrufsäule (alle 2 km) den Hilfsdienst anzufordern. An Landstraßen geschieht das mit sogenannten Notrufkarten (*segélykérőlap*), die man sich vorsichtshalber schon bei der Einreise an der Grenze oder an der nächsten Tankstelle geben läßt. Diese Karte ist im Bedarfsfalle auszufüllen und einem vorbeifahrenden Autofahrer mit der Bitte um Übergabe an einer Pannenstation mitzugeben.

Starthilfe, Abschleppen und andere Dienstleistungen werden montags bis freitags über Tag auch erbracht vom *Werkstattunternehmen AFIT*, das auch ausländische Autofabrikate repariert. Die Rufnummern in einigen Städten: Budapest 69 18 31 und 69 37 14, Győr 1 79 00, Debrecen 1 45 67, Miskolc 3 49 70, Pécs 1 27 38, Szombathely 1 39 45, Szeged 1 43 25.

Tankstellen sind in Ungarn fast immer ohne Werkstatt. Wenn man trotz eines Defektes noch weiterfahren kann, so suche man besser unterwegs nach einer Autowerkstatt *(autójavító)*.

Autovermietung

Leihwagen unterschiedlicher Marken (vor allem Lada und VW) werden am Flughafen, in großen Hotels oder in Reisebüros angeboten. Die Preise schwanken zwischen etwa 20 und 130 DM pro Tag plus 0,20 bis 1,20 DM Kilometergeld. Außerdem ist eine Kaution zu hinterlegen.

Wenn man bedenkt, wie billig öffentliche Verkehrsmittel (auch Taxis) in Ungarn noch immer sind, erscheint das Mieten eines Autos sogar dann noch finanziell unattraktiv, wenn man zu mehreren Personen fahren will. Das wird sich jedoch im Laufe der nächsten Jahre ändern, weil die Subventionierung der Fahrkarten abgebaut wird.

Bahnverbindungen →*Anreise, Reisen im Land, einzelne Orte*

Baja (S-Ungarn, Große Tiefebene)

Die Kleinstadt Baja (39 000 Einw.) liegt in einem Gebiet, das ideal für Wassersportler, Angler und Ausflügler ist. Für jeden, der die Große Tiefebene durchquert hat, zeigt sich deren äußerste Südwestecke überraschend abwechslungsreich: im Bereich des letzten Donauabschnitts vor der jugoslawischen Grenze findet man viele alte Flußarme, grüne Inseln, stille Auen, kleine Wäldchen. Baja ist seit dem Mittelalter wichtiger Handelsort, zeitweise eine Hochburg des Islam. Heute gibt es im Stadtgebiet einen Donauhafen und die letzte Brücke über den Fluß auf ungarischem Gebiet.

Baja / **Sehenswürdigkeiten**

Die Sehenswürdigkeiten der Stadt sind nicht von überragender Bedeutung, aber wohl doch einen kurzen Aufenthalt wert. Im Zentrum liegt der große, annähernd quadratische Béke tér (Friedensplatz), der mit seiner Westseite an einen Donauarm (Sugovica oder Kamarás-Duna genannt) angrenzt. Dieser Hauptplatz ist von monumentalen Gebäuden umgeben: so z.B. an der Ecke zur Deák F. utca das *Rathaus* und das *Türr-István-Museum* (benannt nach István Türr, geb. 1825 hier in Baja, als Adjutant im Dienst Garibaldis tätig; im Museum Sammlungen zur Stadtgeschichte, Fischerei u.a.). Ferner gibt es zwei *serbisch-orthodoxe Kirchen* (in der Szabadság út 6 und Táncsics M. utca 21) und eine *Synagoge* von 1845 (Munkácsy M. utca 7). Wahrscheinlich in keinem Reiseführer erwähnt, dennoch als Kuriosum der Verkehrsführung beachtenswert ist die *Donaubrücke* von Baja, die man im Verlaufe der Straße 55 (Szeged-Pécs) zwangsläufig überquert: Sie wurde offenbar in einer Zeit mit noch geringem Verkehrsaufkommen geplant, denn man hat sich mit einer einzigen Fahrspur begnügt, die zusätzlich noch unter Vollsperrung von einer wichtigen Eisenbahnlinie mitbenutzt wird! Wirklich ein ,,Nadelöhr''!

Baja / **Umgebung**

In **Kalocsa** (42 km nördlich von Baja) kann man am Marx tér das Paprika-Museum besuchen, wo vor allem Geräte zur Verarbeitung des kostbaren roten Pulvers gezeigt werden (geöffnet April bis Oktober täglich außer Montag 10-16 h).

Baja / **Praktische Informationen**

Ärztliche Versorgung: *Apotheken* in der Szabadság út und am Vörösmarty tér. — *Krankenhaus* an der Beloiannisz utca (Ortsteil Rókusváros), *Kinderkrankenhaus* an der Deák F. utca.

Autoservice: Autoclub MAK in der Engels Fr. utca. — Tankstelle und Werkstatt an der Szegedi út (östliche Ausfallstraße).

Bademöglichkeit: Flußfreibad auf der Petőfi-Insel (*Petőfi-sziget*) in der Nähe des Campingplatzes.

Banken: Nationalbank (*Nemzeti Bank*) in der Széchenyi utca; Landessparkasse (*Országos Takarékpénztár*) am Béke tér.

Camping: ,,Sugovica'' auf der Petőfi-Insel, Tel. 1 29 88 (Kat. I; sehr beliebt vor allem bei Wassersportlern; wenige Minuten zur Stadt; Bootsverleih vorhanden; geöffnet 1.5. bis 30.9.).

Einkaufen: Warenhaus am Marx tér, ein weiteres am Ságvári E. tér. — Fußgängerzone ist die Eötvös J. utca (zwischen Béke tér und Ságvári E. tér).

Essen und Trinken: Die Auswahl an guten Restaurants ist nicht sehr groß. Zu empfehlen sind diejenigen in den Hotels ,,Sugovica'' (auf der Petőfi-Insel, beim Campingplatz) und ,,Duna'' (Béke tér, Ecke Uferstraße).
Polizei: Tanácsköztársaság tér (beim Fernbushof).
Post: Kunfi Zs. utca, Telefonvorwahl 79.
Touristeninformation: Puszta Tourist (Fremdenverkehrsamt), 6500 Baja, Béke tér 8, Tel. 1 11 53. — IBUSZ, Béke tér 7. — Express-Jugendreisebüro, Béke tér 5, Tel. 1 13 96.
Unterkunft: Hotel ,,Duna'', Béke tér 6, Tel. 1 19 21 (Kat. C; gute Lage; preiswert) oder Hotel ,,Sugovica'' beim Campingplatz, Tel. 1 11 74 (Kat. B).
Verkehrsverbindungen: 165 Straßen-km von Budapest. — Züge nach Budapest, Pécs, Kaposvár und zum Balaton. — VOLÁN-Fernbusse fahren ab Marx tér, Busse im Stadtverkehr ab Április 4. tér. — Taxistand auf dem Béke tér. — Yachthafen beim Campingplatz an der Ostseite der Petőfi-Insel.

Balaton

Der Balaton (Plattensee) ist zweifellos das bekannteste Ferienziel Ungarns und in der Vorstellung vieler Leute wohl leider auch das einzige. Von der touristischen Bedeutung her müßte die Darstellung der Balaton-Gegend fast das halbe Buch füllen; hier wird jedoch ein solches Übergewicht bewußt vermieden, weil auch zahlreiche andere Orte und Gegenden Ungarns interessant sind.

Mit einer Fläche von 596 qkm handelt es sich um den größten Binnensee Mitteleuropas: er ist 78 km lang und maximal 14 km breit, die gesamte Uferlänge beträgt 197 km, die Tiefe mißt im Durchschnitt nur 2 bis 4 m, der Wasserspiegel liegt 105 m ü.M. Der See wird im wesentlichen durch den Fluß Zala gespeist, der mit seinen Ablagerungen die Südwestbucht immer weiter verlanden ließ und dabei den *Kis-Balaton* (Kleiner Balaton, 13 qkm, heute Naturreservat) abriegelte. Der Abfluß aus dem Balaton in die Donau geschieht durch den Fluß Sió; die erheblichen Seespiegelschwankungen früherer Zeiten wurden durch den Bau einer Schleuse in Siófok ausgeglichen. Die *Halbinsel Tihany* gliedert die Wasseroberfläche in zwei ungleiche Teile. Auch die beiden langgestreckten Seeufer sind sehr verschieden: Das *Nordufer* (Balaton-Oberland bzw. ,,Balatonriviera'') ist bergig, hat zahlreiche Einbuchtungen und bietet viel Sehenswertes; der Weinbau (besonders in Badacsony) hat hier eine lange Tradition. Das *Südufer* hingegen ist weitgehend flach, hat breite Sandstrände, sehr seichtes Wasser und fast keine Buchten; es gibt eine dichte Kette von Kurorten und Strandbädern, überall viele Unterhaltungsmöglichkeiten, aber

In manchen Winkeln Ungarns scheint die Zeit stehengeblieben zu sein ... ▶

nur wenig Sehenswertes. Insgesamt gesehen ist die Balaton-Gegend schön, aber von einem landschaftlichen Höhepunkt zu sprechen, wäre sicherlich übertrieben. Was gilt, ist hier in erster Linie der sogenannte „Freizeitwert", das mannigfaltige touristische Angebot; allerdings muß man dafür im Sommer auch einen fast unerträglichen Rummel in Kauf nehmen. Tip: auch in der Nebensaison, sogar im Winter, ist der Aufenthalt am Balaton gut möglich.

Balaton / **Sehenswürdigkeiten**

Siófok (22 000 Einw.) ist die größte Stadt am See und bedeutendster Badeort. Am über 2 km langen Strand gibt es eine ganze Reihe von Hotelanlagen und Gewerkschaftsheimen. Siófok ist kein besonders interessanter Ort, sehenswert sind vielleicht das *József-Beszédes-Museum für Wasserwirtschaft* (Sió utca 2) und das *Geburtshaus des Komponisten Imre Kálmán* in der nach ihm benannten Grünanlage am Bahnhof.

Balatonföldvár (1600 Einw.) ist ein relativ eleganter Badeort mit einer schönen Allee am Strand; man hat von hier aus einen guten Ausblick auf die Halbinsel Tihany am Gegenufer. Einen Ausflug lohnt die alte gotische Dorfkirche in *Kőröshegy* (3 km südlich).

Boglárlelle (7800 Einw.) entstand 1979 durch Zusammenlegung von Balatonboglár und Balatonlelle. Es ist ein angenehmer Badeort mit besonders feinem Sandstrand und seichtem Wasser. Im Ortsteil Boglár liegt der 165 m hohe *Burghügel* (*várdomb*), der einen guten Rundblick, auch auf die Berge im Hinterland (Somogy), bietet.

Fonyód (4600 Einw.) liegt unterhalb eines markanten Berges (ehemaliger Burghügel, 232 m hoch), von dem man ebenfalls eine herrliche Aussicht genießt. Beiderseits des verhältnismäßig großen Hafens ziehen sich Strände von insgesamt 12 km Länge hin. Obst-, Gemüse- und Weinbau spielen eine Rolle.

Keszthely (21 000 Einw.) ist wohl der interessanteste Ort am Seeufer, wichtiges Kur- und Kulturzentrum. Die Hauptsehenswürdigkeit ist das *Schloß Festetics* mit seiner berühmten *Helikon-Bibliothek* (52 000 Bände, klassizistische Einrichtung). Die Statue vor dem Schloß zeigt den Grafen György Festetics, der 1797 in Keszthely die erste landwirtschaftliche Fachschule Europas, das Georgikon, gründete. Im *Meiereihofmuseum* (*Majorsági múzeum*) kann man sich einen Überblick über die Geschichte des Weinbaus am Balaton verschaffen. Das *Balatonmuseum* an der Kossuth L. utca zeigt die Entwicklung des Badewesens am See und andere historische Aspekte. Am Fő tér (bzw. Március 8. tér) stehen das *Rathaus* und die gotische *Franziskaner-Kirche* aus dem 14. Jahrhundert. In Fenékpuszta (7 km südlich) stößt man auf die Ausgrabungen der römischen Festung *Valcum*.

Hévíz (3400 Einw.) wurde berühmt durch seinen knapp 5 ha großen *Thermalsee*, dessen schwach radioaktives Wasser Temperaturen zwischen 23 °C (im Winter) und 35 °C (im Sommer) aufweist. Besonders exotisch wirken zwischen April und Oktober die blühenden Lotosblumen auf der Wasseroberfläche. Sowohl das Quellwasser als auch der Schlamm vom Seegrund werden zu Heilzwecken verwandt (großes Sanatorium). Im Winter kann man in einem überdachten Teil des Sees baden.

Sümeg (6300 Einw.), knapp 30 km nördlich von Keszthely, lohnt einen Ausflug wegen seiner imposanten *Burg*, die auf einem weithin sichtbaren Felsen thront (geöffnet 1.5. bis 30.9.). Es gibt hier auch einen Weinkeller.

Tapolca (17 000 Einw.), 11 km nördlich des Seeufers, war früher vor allem wegen seines Weinanbaus bekannt. Heute sind die 340 m lange *Teichgrotte*(*Tavasbarlang*) und der im Zentrum liegende *Mühlteich* (*Malom-tó*) die Hauptanziehungspunkte. In der Umgebung von Tapolca sieht man bedeutende Bauxitgruben.

Badacsonytomaj und einige weitere Ortschaften am Fuße des 436 m hohen *Badacsony-hegy* (vulkanischer Inselberg aus erstarrten Basaltsäulen; darauf ein großes Plateau) bilden das Zentrum des Weinbaus am Balaton. Typische Kelterhäuser und ein *Weinbaumuseum* laden zur Besichtigung ein. In Szigliget, einige km westlich, steht eine sehenswerte *Burgruine* von 1260-62.

Nagyvázsony (1800 Einw.), 20 km nordwestlich von Balatonfüred, hat ebenfalls eine sehr sehenswerte *Burg*; außerdem gibt es ein *Postmuseum*, einige *Klosterruinen* und ein als Museum hergerichtetes *Bauernhaus* von 1825 (in der Vár utca 21).

Tihany, die bekannte Halbinsel im See (Gemeinde 1600 Einw.), ist voller Sehenswürdigkeiten und steht zudem noch unter Naturschutz. Vom Schiff aus erkennt man bereits aus größerer Entfernung die berühmte *Abteikirche* oberhalb eines Steilfelsens. Im ehemaligen Abteigebäude daneben ist ein *Balatonmuseum* untergebracht, im Keller sind Fundstücke aus Römerzeit und Mittelalter ausgestellt. Zwei benachbarte Fischerhäuser wurden in ein kleines *Freilichtmuseum* umgewandelt. Folgt man den ausgeschilderten Spazierwegen auf der Halbinsel (Rundweg ca. 4 Std.), so stößt man auch auf den 232 m hohen Aussichtsberg *Csúcshegy*, ein *Höhlenkloster*, Ruinen einer *römischen Villa*, den sehr fischreichen *Inneren See* (*Belső-tó*), den völlig verschilften *Äußeren See* (*Külső-tó*) sowie größere *Lavendelwiesen*.

Balatonfüred (13 000 Einw.) ist der wichtigste Ort am Balaton-Nordufer mit traditionellem Kurbetrieb. Auch eine Schiffswerft und Kellereibetriebe sind wichtige Wirtschaftsunternehmen. Die Blaha Lujza utca im Ortszentrum mit ihren restaurierten Häusern und die *Runde Kirche* sollte man sich ansehen.

Balatonalmádi (7200 Einw.) liegt in einer windgeschützten Bucht inmitten von Weinbergen; vor dieser Kulisse breitet sich ein riesiger Strand aus. Ein beliebtes Ausflugsziel ist die *Barockkirche* im Ortsteil Vörösberény.
→ *Veszprém.*

Balaton / **Praktische Informationen**

Ärztliche Versorgung: *Apotheken* in fast allen genannten Orten. Größere *Krankenhäuser* in Siófok, Keszthely, Balatonfüred und Veszprém.

Autoservice: Tankstellen und Werkstätten in ausreichender Zahl im Bereich der uferparallelen Durchgangsstraßen 7/70 und 71, meistens an den Ortsrändern. Bleifrei in Balatonfüred, Balatonederics, Siófok und Kerzthely sowie an der Autobahn M-7.

Bademöglichkeiten: Praktisch jeder Ort am Balaton verfügt über ein Strandbad (*strandfürdő*) oder auch mehrere. Das Südufer hat die besseren Sandstrände und ist wegen des seichteren Wassers besser für Kinder geeignet. Da gelegentlich mit Sturmböen zu rechnen ist, existiert ein Sturmwarnsystem: gelbe Leuchtrakete oder Warnzeichen = Stufe 1; rot = Stufe 2 (unbedingt das Wasser verlassen!). Besonders reizvoll zum Baden ist der erwähnte Thermalsee in Hévíz.

Banken: Nationalbank (*Nemzeti Bank*) in Siófok am Szabadság tér. Landessparkasse (*Országos Takarékpénztár*) in Siófok an der Fő utca nahe beim Bahnhof, in Boglárlelle an der Móra F. utca in Lelle, in Keszthely an der Kossuth L. utca, in Balatonfüred an der Jókai M. utca.

Camping: Rund um den Balaton gibt es mindestens 40 Campingplätze; die meisten davon haben einen eigenen Strandabschnitt. Im Sommer sind sie fast immer überfüllt, und man muß zufrieden sein, wenn man überhaupt einen Stellplatz bekommt. Die Beschilderung ist gut. Am Südufer sollte man sich vergewissern, ob der Platz nicht allzu dicht an der Bahnlinie liegt (Verkehrslärm!).

Einkaufen: Generell ist zu bedenken, daß das Preisniveau wesentlich höher liegt als in anderen Landesteilen (außer für Artikel mit Festpreisen). Die Lebensmittelversorgung ist durchweg gut, dennoch kann es zu Warteschlangen kommen. Warenhäuser und SB-Läden findet man in den meisten Orten.

Essen und Trinken: Von den zahllosen Touristenrestaurants und Gartenlokalen seien hier nur einige gute genannt: ,,Balaton'' in Siófok, Kálmán Imre sétány 6; ,,Kinizsi'' in Boglárlelle, Vörösmarty tér 2; ,,Hungária'' und ,,Béke'' in Keszthely, Kossuth L. utca 35 bzw. 50; ,,Debrecen'' in Hévíz, Rákóczi utca 31; ,,Sport'' in Tihany, Fürdő-telep 34 (an der östlichen Anlegestelle), ,,Kecskeköröm'' in Tihany, Kossuth L. utca 13; ,,Tölgyfa'' in Balatonfüred, Csárda utca. Wer es eilig hat, kann auch an Straßenständen Bratfisch (*sült hal*) essen.

Polizei: Siófok, Sió utca; Fonyód, Szent István utca; Keszthely, Deák F. utca; Balatonfüred, Petőfi S. utca.

Post: Siófok, Főutca; Boglárlelle, Vörösmarty tér; Fonyód, Főutca; Keszthely, Kossuth L. utca; Tapolca, Deák F. utca; Tihany, an der östlichen Anlegestelle; Balatonfüred, Zsigmond utca; Balatonalmádi, Petőfi S. utca, Telefonvorwahl am Südufer 84, am Nordufer 86, in → Veszprém 80.

Sportmöglichkeiten: Außer allen Arten von Wassersport hat man vielerorts auch die Möglichkeit zum Reiten, Tennisspielen, Angeln, Minigolf und anderen Sportarten. Motorboote sind auf dem Balaton seit 1976 verboten!

Touristeninformation: Zuständig für das Nordufer ist das Fremdenverkehrsamt Balatontourist in → *Veszprém* mit Zweigstellen u.a. in 8237 Tihany, Kossuth L. utca 20, Tel. 4 40 52, und 8230 Balatonfüred, Blaha Lujza utca 5, Tel. 4 02 81. Für das Südufer wendet man sich an Siotour, 8601 Siófok, Szabadság tér 6, Tel. 1 09 00, oder 8630 Boglárlelle, Dózsa György utca 13, Tel. 10 54. — IBUSZ-Büros gibt es in Siófok, Főutca 174, Tel. 1 11 07; in Keszthely, Széchenyi utca 1-3, Tel. 1 29 51, und Balatonfüred, Petőfi S. utca 4A, Tel. 4 00 28. — Express-Jugendreisebüro in Keszthely, Kossuth L. utca 22 und in → *Veszprém.*

Unterhaltung: Während der Saison gibt es in nahezu allen Balaton-Orten ein buntes Programm aus Folkloredarbietungen, Konzerten, Freilichtbühnen oder Diskotheken. Meist findet man an Ort und Stelle Plakate oder bekommt Hinweise in den Fremdenverkehrsämtern. Außerhalb der Saison finden so gut wie gar keine Veranstaltungen statt.

Unterkunft: Wer keine Unterkunft im voraus gebucht hat, findet mit etwas Glück noch ein freies Privatzimmer. Im allgemeinen ist in der Hochsaison aber fast alles belegt (→*Unterkunft*). Einige günstige Hotels seien dennoch genannt: „Touring" in Siófok, Fokihegy (Tel. 1 06 84, Kat. C); „Platán" in Boglárlelle, Hunyadi utca 56 (Tel. 5 61, Kat. C); „Amazon" in Keszthely, Szabadság utca 11 (Tel. 1 22 48, Kat. C); „Arany Csillag" in Balatonfüred, Zsigmond utca 1 (Tel. 4 03 23, Kat. C). Unterkunft in Studentenheimen findet man in Balatonfüred, Fonyód und Boglárlelle.

Verkehrsverbindungen: 105 Straßen-km von Budapest nach Siófok (Autobahn M-7). — Züge ab Budapest (Déli pu.) in Richtung Nagykanizsa führen am Balaton-Südufer entlang, wo fast jeder Ort einen zentral gelegenen Bahnhof hat. Am Nordufer fährt die Eisenbahn von Budapest (Déli pu.) aus bis Badacsony bzw. Tapolca; um nach Keszthely zu gelangen, muß man dort umsteigen. Mit Eisenbahn und Schiff erreicht man am Balaton fast jede Ortschaft, so daß man das Auto getrost stehen lassen kann; außerdem verkehren auch VOLÁN-Buslinien auf den Straßen am See entlang und ins Hinterland (z.B. nach

Veszprém, Zalaegerszeg, Kaposvár). Zeitkarten für die Eisenbahn, Autofähr-
verbindung etc. →*Reisen im Land.*

Benzin

Das Tankstellennetz in Ungarn ist zwar nicht so dicht wie in Westeuropa, doch
es ist ausreichend. Wer Nebenstraßen fährt, kann tagsüber (etwa 6-20 h) immerhin alle 30-40 km mit einer Tankmöglichkeit rechnen. An Fernstraßen sind
die Tankstellen oft Tag und Nacht offen. Außer den ungarischen ÁFOR-
Tankstellen sind auch die Marken Shell, Agip, BP, Aral und Total zu finden —
allesamt bislang ohne Selbstbedienung.

Kraftstoffpreise (Mitte 1991):
Normal, 86 Oktan, ca. 1,25 DM
Super, 92 Oktan, ca. 1,32 DM
Extra-Super, 98 Oktan, ca. 1,39 DM
Bleifrei, 95 Oktan (*olommentes*), ca. 1,35 DM
Diesel (*gázolaj*), ca. 0,78 DM (offiziell nur auf Gutschein)
außerdem 2-Takt-Gemisch

Wer gewöhnlich mit Normalbenzin fährt, der muß wegen der geringeren Ok-
tanzahlen in Ungarn Super tanken. Wer gewöhnlich mit Superbenzin fährt,
der sollte in Ungarn Extra-Super nehmen. Letzteres ist nicht an jeder Tankstelle zu bekommen. Auch Diesel gibt es nicht an allen Tankstellen. Bleifrei
tanken kann man zur Zeit an über 60 Stellen im Lande, vor allem am Balaton
und in den größeren Städten (am besten gleich bei der Einreise an der Grenze den neuesten Stand erfragen!).

Achtung: Während man Benzin gegen ungarisches Bargeld tankt, wird Diesel offiziell an Touristen nur per Gutschein abgegeben (Bons zu je 20 l und
5 l). Die Scheine erhält man an der Grenze, in IBUSZ-Reisebüros und in manchen Hotels. Man muß den voraussichtlichen Bedarf genau kalkulieren, denn
eine Rückgabe ist völlig ausgeschlossen. Diese „Gutscheine" sind übrigens
nicht (wie in anderen Ländern) als Verbilligung für die Touristen eingeführt
worden, sondern als Verteuerung, um Ausländer nicht in den Genuß der stark
subventionierten Diesel- bzw. Heizölpreise kommen zu lassen! Vielen Tank-
warten ist es völlig egal, ob ein Einheimischer oder ein ausländischer Tourist
an die Diesel-Zapfsäule kommt, so daß man oft auch ohne „Gutscheine" und
damit wesentlich billiger bar tanken kann. Die Ausfuhr von Kraftstoffen in Ka-
nistern ist nicht erlaubt.

Bevölkerung

Die Ungarn stammen ursprünglich aus dem Gebiet der mittleren Wolga und
des südlichen Ural. Zusammen mit den Finnen und einigen Minderheiten in

der heutigen Sowjetunion (besonders in Estland) bilden sie die finnougrische Völkerfamilie. Im heutigen Ungarn kann man jedoch keinen einheitlichen „madjarischen" Menschentyp feststellen; zu groß ist der türkische, germanische und slawische Einfluß in der Vergangenheit gewesen.

Der Staat Ungarn hat heute 10,7 Millionen Einwohner; bezogen auf die Landesfläche sind es 114 Einwohner pro qkm. Mit Abstand am dichtesten besiedelt ist der Raum Budapest (rund 4000 Einw./qkm mit steigender Tendenz), am dünnsten die Bezirke im Südwesten Ungarns, südlich des Balaton (60-70 Einw./qkm). Etwa 58 % der Bevölkerung leben in Städten, rund 19 % (ein Fünftel) allein in Budapest. Wie in den meisten industrialisierten Ländern ist die Kleinfamilie mit höchstens zwei Kindern vorherrschend. Mit einem jährlichen Bevölkerungswachstum von knapp 0,2 % zählt Ungarn zu den wenigen Staaten, deren Bevölkerung praktisch nicht mehr wächst.

Zu den 96 % Madjaren (=ungarische Bevölkerung) kommen noch einige Minderheiten: etwa 215 000 Deutsche (vor allem im Raum Pécs), etwa 110 000 Slowaken (im Norden und um Békéscsaba), etwa 100 000 Kroaten und Serben (im Süden), etwa 25 000 Rumänen (im Südosten) sowie schätzungsweise 450 000 Zigeuner mit zumeist ungarischer Muttersprache (zum Teil bis heute nicht seßhaft).

Es leben aber auch große ungarische Volksgruppen im Ausland: etwa 1,8 Millionen in Rumänien (→*Politik*), etwa 550 000 in der Tschechoslowakei, etwa 500 000 in Jugoslawien, schätzungsweise 166 000 in der Sowjetunion und außerdem rund 700 000 in den USA, allerdings nur noch ganze 4000 in Österreich (in den beiden Gemeinden Oberwart und Oberpullendorf im Burgenland).

Die Bevölkerung des Landes ist überwiegend unaufdringlich und dem Fremden gegenüber freundlich und aufgeschlossen, zumindest auf der Straße und im privaten Rahmen. In Geschäften und Behörden trifft man aber öfters auf Personal, dem man Unlust und Wortfaulheit am Gesicht ablesen kann (ein Erbe des Sozialismus). In den inzwischen zahlreichen kleinen Privatbetrieben (Werkstätten, Boutiquen, Restaurants, Souvenirläden) merkt man deutlich, daß es mit einem Anreiz auch anders geht: hier ist dann der Inhaber gelegentlich etwas zu geschäftstüchtig. Im großen und ganzen kommt man aber mit den Leuten gut zurecht, solange man nicht im Rahmen einer großen Touristeninvasion irgendwo auftaucht. Schlechter Service, z.B. durch überforderte Kellner, ist oft die zwangsläufige Folge.

Der Grund für die Offenheit der Ungarn mag auch darin liegen, daß sie sich kulturell zutiefst als Mitteleuropäer fühlen, nur zu lange abgeschirmt durch den „Eisernen Vorhang" und damit eingebunden in eine Gemeinschaft von Staaten, denen Ungarn in den meisten Punkten einiges voraus hat. So gibt es in Ungarn, wenn man Kontakte sucht, viel weniger Barrieren als in den Balkanländern, wo sich Tourist und Einheimischer oft verständnislos gegenüberstehen. Das ist auf den ersten Blick erstaunlich, da sich doch die ungarische Sprache derart von allen anderen europäischen Sprachen unterscheidet, daß man sie beinahe als unüberwindliches Hindernis für eine Verständigung ansehen möchte. Wohl aus Furcht vor Isolation, vor dem Ausgeschlossensein vom mitteleuropäischen Zeitgeschehen, halten es sehr viele Ungarn für unverzichtbar, eine gängige Fremdsprache zu beherrschen: nicht selten ist es Deutsch! Und wer eine Fremdsprache einmal gelernt hat, benutzt sie auch gern, z.B. im Gespräch mit uns Touristen.

Im Zusammenhang mit der Mentalität noch ein trauriger Weltrekord: Ungarn hat mit Abstand die höchste Selbstmordrate der Welt (in Südungarn ist sie ganz besonders hoch)! Eine Erklärung dafür hat offenbar noch niemand parat. Es ist eine gängige Klischeevorstellung, Ungarn sei sozusagen das ,,Zigeunerland''. Richtig daran ist lediglich, daß die Zigeuner (oder neutraler: Roma und Sinti; ungar.: *cigányok*) wohl nirgendwo so zahlreich leben wie in Ungarn, vor allem im vernachlässigten Osten des Landes (Nyírség). Diese Volksgruppe ist weit davon entfernt, über irgendwelche Machtbefugnisse zu verfügen oder gar die Geschicke des Landes mitzubestimmen. Sie führt ein elendes Dasein in miserablen Behausungen am Rande einiger Städte. Auch der Sozialismus hat nicht verhindert, daß sich hier Diskriminierung, Resignation und bittere Armut halten konnten. Das sollte man sich immer wieder vor Augen führen, wenn man z.B. einem der zahlreichen Zigeunermusiker in den Restaurants zuhört. Auch wenn die Musik vielleicht Sehnsüchte und Romantik herbeizaubert: das ungarische Zigeunerklischee ist nur etwas für unkritische Touristen!

Bezirke

Ungarn ist administrativ untergliedert in 19 sogenannte Komitate (d.h. Bezirke; auf Ungarisch *megye*) sowie die 6 Großstadtbezirke Budapest, Miskolc, Debrecen, Szeged, Pécs und Győr. Die Selbständigkeit dieser Komitate ist weit geringer als die von Bundesländern oder Kantonen, vergleichbar eher mit den Bezirken der ehemaligen DDR. Die Komitatsbegrenzungen sind an den Landstraßen durch grüne Schilder mit dem jeweiligen Komitatsnamen und dem Zusatz *megye* ausgeschildert (z.B. *Tolna megye*, *Hajdú-Bihar megye*). Die Namen sind meist historische Landschaftsnamen und stimmen nur in wenigen Fällen mit dem Namen des Hauptortes überein.

Botschaften

Botschaften in Ungarn

Deutsche Botschaft: Izsó utca 5, H-1140 Budapest XIV, Tel. 22 42 04 und 22 58 95, Konsulat in Pécs geplant.

Österreichische Botschaft: Benczúr utca 16, H-1068 Budapest VI, Tel. 22 94 67

Schweizerische Botschaft: Népstadion út 107, H-1143 Budapest XIV, Tel. 22 94 91

Ungarische Botschaften

in der BR Deutschland: Turmstr. 30, D-5300 Bonn 2, Tel. 02 28/37 67 97. — Konsulate Reifträgerweg 27-29, D-1000 Berlin 38, Tel. 0 30/8 03 50 63, Konsulat in Stuttgart geplant.

D-8000 München 81, Vollmannstr. 2, Tel. 0 89/91 10 32

D-5000 Köln 1, Sachsenring 38, Tel. 02 21/36 67 97

in Österreich: Bankgasse 4-6, A-1010 Wien, Tel. 02 22/5 33 26 31

in der Schweiz: Muristr. 31, CH-3006 Bern, Tel. 0 31/44 85 72. — Konsulat Eigerplatz 5, CH-3007 Bern, Tel. 0 31/45 13 55

Budapest

Budapest ist zweifellos eine der reizvollsten Hauptstädte Europas, vor allem aufgrund seiner Lage (→*Geographie*). Die Donau teilt das Stadtgebiet in zwei sehr verschiedenartige Hälften: den hügeligen Stadtteil Buda im Westen mit einer Vielzahl historischer Bauten und etlichen vornehmen Wohnvierteln und den Stadtteil Pest im Osten mit den großen Geschäftsstraßen, mit Industriegebieten und einem Gürtel von Wohnblocks. Während Buda naturgemäß steile, enge und gewundene Straßen aufweist, bietet Pest durch seine Ring und Radialstraßen bessere Orientierungsmöglichkeiten. Beide Stadthälften sind durch sechs Straßen- und zwei Eisenbahnbrücken über die 300-400 m breite Donau verbunden.

Mit etwa 2,1 Millionen Einwohnern (fast ein Fünftel der Gesamtbevölkerung des Landes) ist Budapest für Ungarn in seinen heutigen Landesgrenzen eigentlich zu groß. Die Stadt ist in politischer, kultureller, wirtschaftlicher, fast jeder Hinsicht das absolute Oberzentrum; im Grunde gibt es nur Budapest einerseits und die Provinz andererseits. Die Hauptstadt allein erbringt 41 % der Industrieproduktion Ungarns.

Budapest bildet einen selbständigen Großstadtbezirk und ist außerdem Verwaltungssitz des Bezirkes Pest (nicht gleichzusetzen mit der Stadthälfte Pest!). Die ungarische Hauptstadt bietet so viele Sehenswürdigkeiten und Veranstaltungen, daß man darüber ein eigenes Buch schreiben müßte. Im folgenden kann deshalb nur das Wichtigste knapp dargestellt werden. Äußerst hilfreich und informativ ist der offizielle Stadtplan, den man sich unbedingt gleich nach der Ankunft zulegen sollte. Der Aufenthalt in Budapest sollte mindestens 3-4 Tage betragen, besser ist eine ganze Woche oder auch zwei!

Budapest / **Geschichte**

Älteste Siedlungsspuren weisen bis in die Steinzeit zurück. Im Nordteil des heutigen Buda gründeten die Kelten einen Ort namens Ak-Ink, was etwa mit „viel Wasser'' übersetzt werden kann und auf die frühe Entdeckung der nach wie vor bedeutenden Thermalquellen schließen läßt. Der keltische Ortsname lebte nach der Zeitenwende im römischen Militärlager Aquincum fort. Im 2./3. Jahrhundert war Aquincum sogar die Hauptstadt der römischen Provinz Pannonia Inferior. In der Völkerwanderungszeit mußten die Römer den Ort schließlich den Hunnen überlassen; die Folge war ein erheblicher Bevölkerungsrückgang. Erst nachdem Karl der Große im Jahre 804 den Stamm der Awaren besiegt hatte, kam es zu einer erneuten Blütezeit. Nach der Landnahme durch die Madjaren (896) gewannen die beiden Ortschaften Buda und Pest allmählich immer größere Bedeutung als Handelszentren; Buda wurde zur königlichen Stadt erklärt. Allerdings wirkte sich der Mongoleneinfall (1241/42) verheerend aus. König Béla IV. ließ auf dem Budaer Burghügel eine ummauerte Stadt erbauen. Die Türkenzeit (1541-1686) brachte einen weiteren Rückschlag; die Einwohnerschaft schrumpfte bis auf etwa tausend Menschen. Nachdem unter anderem deutsche, serbische und slowakische Siedler nachgerückt waren, begann im 18. Jahrhundert die Industrialisierung. 1777 siedelte die Universität aus Nagyszombat (heute Trnava/ČSFR) nach Buda über. In den ersten Jahrzehnten des 19. Jahrhunderts entwickelte sich die Stadt besonders rasant: viele repräsentative Bauten wurden errichtet, die Kettenbrücke verband nun erstmals die beiden Stadtteile (offiziell 1873 vereinigt), der Eisenbahnverkehr und die Donau-Dampfschiffahrt wurden aufgenommen. Die Einwohnerzahl, die 1799 mit etwa 55 000 angegeben wurde, verzehnfachte sich innerhalb der folgenden hundert Jahre. Trotz mehrfacher weiterer Zerstörungen (Revolution 1848, Zweiter Weltkrieg 1944/45) gelang es den Stadtplanern immer wieder, das Bild einer Weltstadt zu verwirklichen, unverkennbar an Wien orientiert. Heutige Hauptprobleme der ungarischen Metropole sind vor allem erheblicher Wohnungsmangel und zurückgebliebene Verkehrsplanung (z.B. fehlt ein Autobahnring um die Stadt, der aber den kostspieligen Bau zweier weiterer Donaubrücken erfordern würde). Fast alle größeren Ereignisse der ungarischen Geschichte sind in erster Linie mit der Geschichte Budapests verbunden.

Budapest / **Sehenswürdigkeiten**

Buda

Die Hauptattraktionen liegen ziemlich dicht beieinander am *Burgberg (Vár-hegy)* und am *Gellért-Berg (Gellért-hegy)*.

Fischerbastei (Halászbástya): Die aus Erkern und Terrassen bestehende Anlage gehört zu den bekanntesten Fotomotiven Ungarns überhaupt. Von der um 1900 erbauten Bastei bietet sich ein herrlicher Panoramablick über die Donau auf Pest (auch nachts sehenswert).

Matthiaskirche (Mátyás templom): Die mit farbigen Dachziegeln gedeckte einstige Krönungskirche am Szentháromság tér (Platz der Hl. Dreifaltigkeit) wurde 1255-69 unter Béla IV. errichtet. Schräg gegenüber dem Hauptportal steht das alte Rathaus, neben der Kirche das Reiterstandbild von István I.

Burghöhle (Vár-barlang): In der Úri utca findet man ein 10 km langes Höhlensystem aus dem Mittelalter.

In den gut restaurierten Straßen auf dem Burgberg lohnt sich ein kleiner Spaziergang (auch Fiaker-Fahrt möglich): man sieht viele altehrwürdige Gebäude, z.B. das Staatsarchiv am Bécsi kapu tér (Wienertorplatz). Museum des Gastgewerbes in der Fortuna utca.

Burgtheater (Várszínház): ehemaliges Karmeliterkloster an der Südseite des Disz tér.

Burgpalast (Várpalota): Diese ehemalige Königsresidenz, die nach erheblichen Beschädigungen im Zweiten Weltkrieg wiederhergestellt wurde, beherbergt unter anderem die Ungarische Nationalgalerie (sehr sehenswert), das Historische Museum und das Museum der Arbeiterbewegung. Von der Terrasse vor dem Palast hat man einen guten Panoramablick über die Donau und zum Gellért-Berg hin.

Geht man vom Burgberg zum Donau-Ufer hinunter, dann kommt man in die sogenannte *Wasserstadt (Víziváros)*. Dort befinden sich: *Rudas-Bad (Rudas-fürdő)* am Döbrentei tér, erbaut 1566 durch den türkischen Pascha Sokollu Mustafa, heute Schwimmbad mit Heilquelle; gut 100 m nordwestlich davon das *Rácz-Heilbad*.

Clark Ádám tér, der Kreisverkehr unterhalb des Burgbergs zwischen dem Brückenkopf der berühmten Kettenbrücke (siehe weiter unten) und dem 350 m langen Burgbergtunnel.

Königsbad (Király-fürdő) in der Főutca 82-86, ebenfalls ein von Sokollu Mustafa gegründetes Bad mit Thermalwasser.

Batthyány tér: ehemaliger Marktplatz des Stadtviertels mit Markthalle; von hier hat man gute Sicht auf das Parlamentsgebäude jenseits der Donau (siehe unten). Südlich des Burgbergs, auf dem Gellért-Berg, steht die *Zitadelle (Citadella)*, eine ehemals türkische Festung, in ihrem heutigen Aussehen von

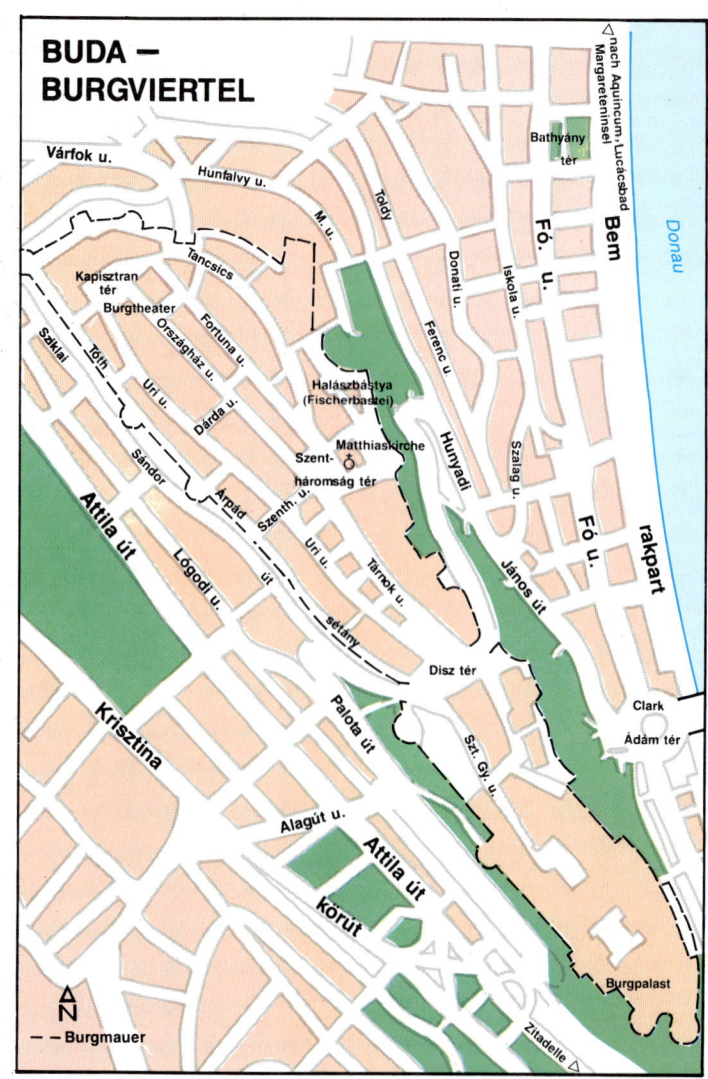

BUDA —
BURGVIERTEL

Várfok u.

Hunfalvy u.

nach Aquincum, Lucácsbad
Margareteninsel

Bathyány
tér

Fő. u.

Bem

Donau

Toldy

M. u.

Tancsics

Donati u.

Kapisztran
tér

Burgtheater

Iskola u.

Fortuna u.

Országház u.

Ferenc u

Szilai

Tóth

Uri u.

Dárda u.

Halászbástya
(Fischerbastei)

Szalag u.

Matthiaskirche

Szent-
háromság tér

Szalag u.

Sándor

Uri u.

Hunyadi

Attila út

Árpád

Szenth.

Lógodi u.

út

sétány

Tarnok u.

Fő. U.

János út

rakpart

Disz tér

Krisztina

Palota
út

Clark

Szt. Gy. u.

Ádám tér

Alagút u.

Attila út

Körút

Burgpalast

Zitadelle

N

- - Burgmauer

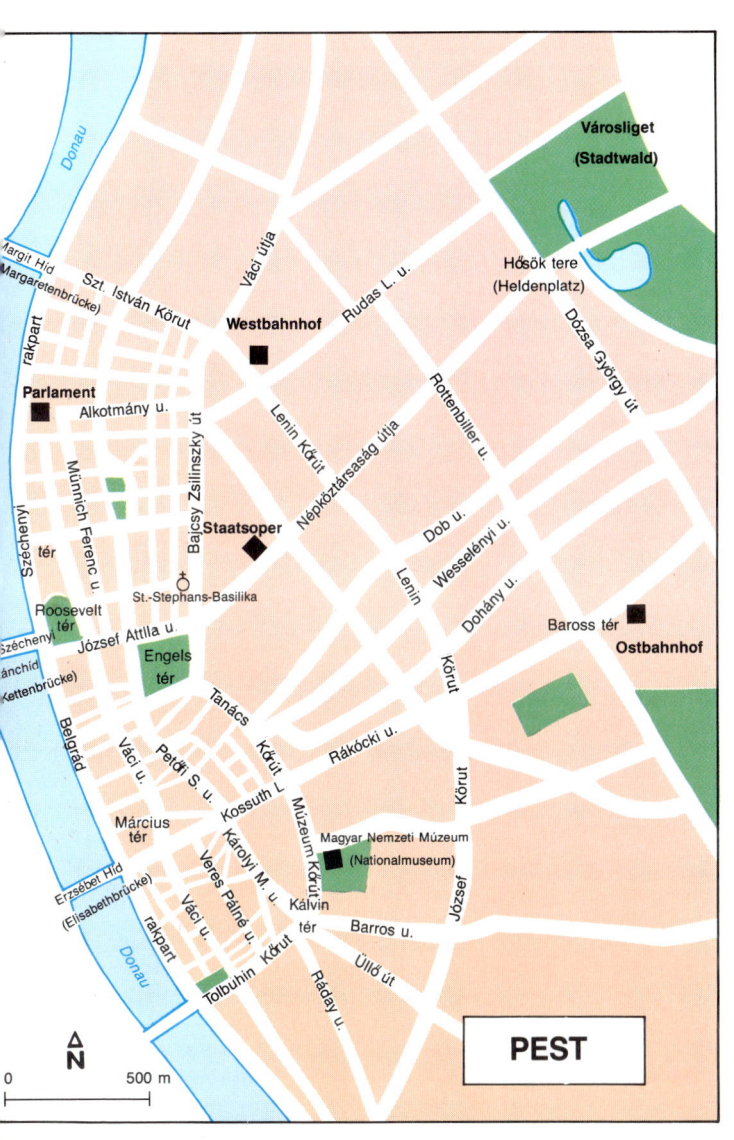

1850-54; nahe dabei das imposante Freiheitsdenkmal; gute Aussicht auf die Pester Seite.

Im Norden des Budaer Stadtteils liegt *Óbuda (Alt-Buda)*, ein Bezirk mit älteren Wohnhäusern und einer Reihe von Bädern, z.B. Lukács-fürdő und Császárfürdő. Noch weiter nördlich liegt *Aquincum*, das Ruinenfeld der einstigen römischen Siedlung; im dazugehörigen Museum sehenswerte Funde. Weitere römische Relikte (Amphitheater, Aquädukt) in der näheren Umgebung.

Margareteninsel (Margit-sziget): Diese Donauinsel ist ein beliebter Park und Erholungsplatz; es gibt Bademöglichkeiten, einen japanischen Garten sowie eine Kirche und ein Kloster auf der Insel.

Budaer Berge: Wer dem Großstadtleben für ein paar Stunden entfliehen will, der findet in den Bergen im äußersten Westen der Stadt gute Gelegenheiten dazu *(→ Verkehrsverbindungen)*. An den bewaldeten Hängen stehen zahlreiche, teils etwas verwahrloste Villen. Auf dem Plateau des *Széchenyi-hegy* ist ein großer Ausflugspark angelegt, im Winter ist auch Skilauf möglich. Vom *Hármashatár-hegy* (Dreigrenzberg) hat man eine beachtliche Aussicht; etwas unterhalb, in der Szépvölgyi út 162, ist die *Pálvölgyer Tropfsteinhöhle*. Erwähnenswert auch der Ausflugspunkt *Farkasrét* mit Naturschutzgebiet (nur an Sommerwochenenden zugänglich!).

Pest

Neben der Besichtigung der eigentlichen Sehenswürdigkeiten lohnt sich ein ausgedehnter Bummel durch die Pester Geschäftsstraßen. Als Prachtstraße angelegt ist die lange, schnurgerade *Népköztársaság útja (Straße der Volksrepublik)*, die sich nach Nordosten hin immer mehr verbreitert und von einer belebten, schattigen Geschäftsstraße zum Boulevard wandelt. Vom Angebot und der Aufmachung her attraktiver ist die Fußgängerzone im Bereich *Váci utca* und *Vörösmarty tér*: in den letzten Jahren entstand hier die beliebteste und exklusivste Einkaufsmeile Ungarns. Auch die Parallel- und Seitenstraßen sind interessant. Man könnte fast glauben, beispielsweise in Düsseldorf zu sein. Bis in den Abend hinein ist in der Fußgängerzone viel los (Gaukler, Straßenmusikanten, Portraitmaler ...).

Parlamentsgebäude (Országház): Der 268 m lange und 96 m hohe neugotische Monumentalbau am Donauufer (1885-1904 erbaut) ist eines der Wahrzeichen Budapests, nachts interessant illuminiert; der leuchtende rote Stern auf der Kuppel wurde inzwischen demontiert.

Kettenbrücke (Széchenyi-lánchíd): Die erste und älteste Budapester Brückenverbindung (errichtet 1839-49) ist für heutige Verhältnisse fast zu schmal. Nachts beleuchten sie Lichterketten.

Staatsoper (Opera): an der Népköztársaság útja 22, ein Renaissancepalast (erbaut 1875-84), 1984 nach Restaurierung wiedereröffnet.

Heldenplatz (Hősök tere): am Ende der Népköztársaság útja. Der weitläufige Paradeplatz mit dem *Jahrtausenddenkmal (Milleniumi emlékmű)* sollte bei Baubeginn 1896 an die Landnahme durch die Árpáden im Jahre 896 erinnern. Dargestellt ist der Erzengel Gabriel auf einer Säule mit der Stephanskrone in der Hand, davor die Standbilder des Fürsten Árpád und anderer bedeutender Ungarn. An der Nordseite des Platzes befindet sich das *Museum der Bildenden Künste*, an der Südseite der tempelähnliche Bau der *Kunsthalle*.

Stadtwäldchen (Városliget): Unmittelbar hinter dem Heldenplatz; beliebtes Ausflugsziel mit Bootsteich, *Zoologischem Garten (Állatkert), Lunapark (Vidámpark), Széchenyi-Heilbad*, dem *Schloß Vajdahunyad* (beherbergt ein Landwirtschaftsmuseum), Messegelände (Ausstellungszeit im Mai) und dem interessanten *Verkehrsmuseum (Közlekedési múzeum)*.

Ostbahnhof (Keleti pályaudvar): am Baross tér; ein großer gelber Monumentalbau von 1884 mit den Statuen von Watt und Stephenson.

Westbahnhof (Nyugati pályaudvar): am Marx tér im Nordosten (!) der Innenstadt, mit schöner Stahl-Glas-Fassade von Gustave Eiffel, die unter Denkmalschutz gestellt ist.

St.-Stephans-Basilika (Szent István bazilika): an der Bajcsy-Zsilinszky út; im italienischen Renaissancestil begonnene Kuppelkirche.

Unter den zahlreichen Museen auf der Pester Seite sind noch hervorzuheben: *Ungarisches Nationalmuseum (Magyar Nemzeti Múzeum)*, historische Abteilung auf der Múzeum körút 14-16; *Ethnographisches Museum (Néprajzi Múzeum)*, Kossuth L. tér 12; *Kunstgewerbemuseum (Iparművészeti Múzeum)*, Üllői út 33-37 und *U-Bahn-Museum* in der Metro-Station am Deák tér.

Budapest / Praktische Informationen

Ärztliche Versorgung: Unter den vielen *Apotheken* in der Innenstadt sind die folgenden mit Notdienst hervorzuheben: Lenin körút 95; Rákóczi út 86; Üllői út 121; Eötvös utca 4; Örs vezér tere. — *Kinderkrankenhaus* und *Poliklinik* an der Üllői út 86 (beim Nagyvárad tér); zahlreiche weitere Hospitäler in einzelnen Stadtteilen.

Autoservice: Autoclub MAK, Hauptstelle Rómer Flóris utca 4A, Tel. 15 20 40 (auf der Budaer Seite nahe der Margaretenbrücke).

Es gibt eine Vielzahl von Werkstätten und Tankstellen, darunter knapp 20 Bleifrei-Tankstellen; am einfachsten findet man solche an den großen Ausfallstraßen. Autoersatzteile sind in Budapest sicherlich besser zu bekommen als irgendwo in der Provinz. Abschleppdienst Tel. 1 69 37 14 oder 1 69 18 31.

Bademöglichkeiten: Neben den türkischen Bädern und Thermalbädern (besonders schön das Gellért-Bad im gleichnamigen Luxushotel) gibt es Freibäder auf der Margareteninsel, neben der Ausgrabungsstätte Aquincum und an anderen Orten. Neuangelegt ist das Freizeitgelände „Omszk park" an der Straße nach Szentendre (am Stadtrand) mit Badesee und Wassersportmöglichkeiten.

Banken: Nationalbank (*Nemzeti Bank*) am Szabadság tér; Landessparkasse (*Országos Takarékpénztár*) in der Münnich F. utca 16; diverse Zweigstellen in der Stadt.

Camping: Die beiden städtischen Plätze sind im Sommer regelmäßig überbelegt und können bestenfalls als eine Bleibe für die Nacht dienen, frühzeitiges Eintreffen (schon am Mittag) ist ratsam. Camping „Hárshegy" im Westen, Hárshegyi út 5-7, Tel. 15 14 82 (Kat. I; geöffnet 20.3. bis 20.10.; neben dem Hotel „Európa" an der Budakeszi út; schattig, aber sehr unebenes Terrain am Hang; zufriedenstellende Ausstattung; von der nahegelegenen Bushaltestelle „Dénes utca" gelangt man mit der Buslinie 22 zum Verkehrsknotenpunkt am Moszkva tér; mit dem Auto erreicht man den Platz ab Moszkva tér

Eines der Wahrzeichen Budapests: der Brückenkopf der Elisabethbrücke

nach der Beschilderung „Hűvösvölgy"). Camping „Római fürdő" im Nordwesten, Szentendrei út 189, Tel. 68 62 60 (Kat. I; ganzjährig geöffnet; in der Nähe der Ausgrabungsstätte Aquincum an der Straße nach Szentendre; Verbindung in die Stadt zum Batthyány tér mit der Vorortbahn HÉV). Außerdem gibt es inzwischen neue Privatplätze, von denen einige gut ausgeschildert sind (vor allem auf der Budaer Seite): Camping „Niche" an der Zugligeti út 101 (geöffnet 1.4. bis 30.9.), Camping „Tündérhegy/Feeberg" an der Szilassy utca 8 (ganzjährig geöffnet) oder „Expo-Autocamp" an der Dobi I.út (Tel. 1 77 81 34; geöffnet 20.6. bis 5.9.), südlich von Budapest gibt es einen Platz in Érd, Fürdőutca 4, Tel. 4 53 28 (Kat. II; geöffnet 15.4. bis 15.10.).

Einkaufen: Die meisten attraktiven Geschäfte findet man in dem Viertel zwischen Népköztársaság útja, Deák tér, Lenin körút und der Elisabethbrücke (Erzsébet híd). Die Fußgängerzone im Bereich Váci utca und Vörösmarty tér ist am elegantesten. Einige Adressen: Schallplattenläden am Vörösmarty tér 1, am Martinelli tér 5 und in der Váci utca; Poster und Postkarten am Deák tér 6 und in der Bajcsy-Zsilinszky út 62; Bücher am Vörösmarty tér 4, in der Váci utca 28 und 32 (auch international), an der Népköztársaság útja und in

Das am Pester Donauufer liegende Parlamentsgebäude stammt aus der Zeit der Jahrhundertwende

der Passage am Felszabadulás tér („Párizsi udvar"). Eine sehenswerte Markthalle liegt an der Tolbuhin körút 1-3. Unbedingt →*Einkaufen*; →*Öffnungszeiten*.
Essen und Trinken: Selbst ausprobieren ist sicherlich am besten. Man sollte
sich nicht scheuen, auch vornehm wirkende Restaurants (vor allem an der
Népköztársaság útja) aufzusuchen. Solange sie nicht zu einem internationalen Hotel gehören, sind sie keineswegs teuer. In der Nähe der Fischerbastei
muß man hingegen mit überhöhten Preisen rechnen. Von den zahllosen akzeptablen und guten Restaurants überall in der Stadt können hier nur einige
wenige als Anhaltspunkt dienen: „Horgásztanya", Főutca 27; „Seramisz", Alkotmány utca 20 (auch türkische und arabische Gerichte); „Városligeti vendéglő", Népköztársaság útja 130 (Gartenlokal/Biergarten); „Corso", Petőfi S.
utca 3 (auch italienische Gerichte; preiswert); „Habana", Bajcsy-Zsilinszky út
21 (kubanisch; etwas vornehmer; drei Häuser weiter eine Pizzeria); „Krum-
plis Fani"; Disz tér (auf dem Burgberg; Mischung aus Steakhouse und Fast-
food). Auch Hamburger gibt es an mehreren Stellen: „McDonald's", Régipo-
sta utca 10 (großer Andrang; Preise etwa halb so hoch wie in westlichen Ländern). Die ungarische Konkurrenz dazu ist „City Grill", u.a. Váci utca 20, Népköztársaság útja 33, Bajcsy-Zsilinszky út 70, Szent István körút 13. Zahlreiche
Konditoreien und Straßencafés, besonders vornehme am Vörösmarty tér, an
der Népköztársaság útja und auf dem Burgberg (hier auch die berühmte Konditorei „Ruszwurm").
Polizei: Ausländerpolizei (KEOKH), Népköztársaság útja 12, Tel. 11 86 68.
Post: Günstig gelegen sind die Postämter in der Dorottya utca 9 (am Roosevelt tér), in der Petőfi S. utca 13, in der Bajcszy-Zsilinszky út 16 und am Disz
tér 15. Ohne Unterbrechungen geöffnet sind die Postämter am Westbahnhof
und am Ostbahnhof, Telefonvorwahl Budapest = 1.
Touristeninformation: Dunatours (Fremdenverkehrsamt), 1065 Budapest,
Bajcsy-Zsilinszky út 17, Tel. 31 45 33. — Hungarotours, 1072, Akácfa utca 20,
Tel. 41 38 89. — IBUSZ, 1075, Tanács körút 3 C, Tel. 42 31 40; etliche Zweigstellen. — Budapest Tourist, 1051, Roosevelt tér 5, Tel. 1 17 35 55; etliche Zweigstellen. — Express-Jugendreisebüro, 1054, Szabadság tér 16, Tel. 31 77 77,
Tourinform, Petőfi S. utca 17-19 (Infodienst Tel. 1 17 98 00).
Unterhaltung: Eine gute und stets aktuelle Informationsquelle ist die deutschsprachige „Budapester Rundschau". Da für den Touristen generell das Problem der Sprache besteht, wird er sich nach deutschsprachigen Veranstaltungen erkundigen müssen, z.B. Kinoprogramme im Programmheft „Pesti
Műsor". Um Konzerte besuchen zu können, ist man fast immer auf den Kar-
tenvorverkauf angewiesen (Ausgabe und Informationsstellen u.a. am Moszkva tér 3, Tel. 35 91 36, und an der Népköztársaság útja 18, Tel. 12 00 00). Va-

rieté im ,,Moulin Rouge'' in der Nagymező utca 17 oder im ,,Maxim'' in der Akácfa utca 3. Auch ohne Sprachkenntnisse besuchenswert ist der ,,Fővárosi Nagycirkusz'' (Hauptstädtischer Großzirkus) im Stadtwäldchen. Freitags, samstags und sonntags ist Disco auf der Zitadelle. Ein Goethe-Institut ist im Aufbau begriffen.

Unterkunft: Preisgünstige Privatzimmer vermittelt rund um die Uhr das IBUSZ-Büro am Március 15. tér. Plätze in Studentenwohnheimen bekommt man über das Express-Jugendreisebüro. Das Angebot an Hotels jeder Kategorie ist sehr groß. An dieser Stelle nur einige der preiswerteren: ,,Ifjúság'', Zivatar utca 1-3, Tel. 35 33 31; ,,Vörös Csillag'', Rege utca 21, Tel. 75 05 22; ,,Strand'', Pusztakúti út 3, Tel. 88 91 11; ,,Express'', Beethoven utca 7, Tel. 15 88 91; ,,Citadella'', Citadella sétány, Tel. 66 57 94 (überwiegend Kat. B; allesamt mit DZ um 60-80 DM).

Verkehrsverbindungen: Zunächst unbedingt →*Reisen im Land*! — Mit einem Streckenplan der Budapester Verkehrsbetriebe (BKV) findet man sich im Nahverkehr gut zurecht.

Bahnhöfe: Budapest hat drei wichtige Bahnhöfe: den *Nyugati pu.* (*Westbahnhof;* liegt im Nordosten! Züge nach Szeged, Gyula, Debrecen, Esztergom, Fernzüge nach Berlin, Prag, Bukarest, Sofija, Moskau), den *Keleti pu.* (*Ostbahnhof;* Züge nach Miskolc, Eger, Szombathely, Győr, Fernzüge nach Belgrad, Rom, Wien, Basel, Paris, Bukarest, Sofija, Prag, Warschau, Berlin) und den *Déli pu.* (*Südbahnhof;* liegt im Westen! Züge nach Győr, Pécs, Baja, Veszprém, Balaton, Fernzüge nach Zagreb, Rijeka, Wien).

Obus (trolibusz): 14 Linien (Nr. 70...83), die allesamt im Nordosten und Osten der Innenstadt verkehren. Betriebszeit etwa 4.30 - 23/24.00 h.

Omnibus (autóbusz): Es gibt 181 Linien (Nr. 1...198, teils mit Buchstaben); schwarze Ziffern = Normallinien, rote = Expreßlinien. Von Interesse sind die Nr. 16 (Moszkva tér - Burgberg - Deák tér), Nr. 27 (Móricz Zs. körtér/Anschluß Straßenbahn Nr. 19 -Zitadelle), Nr. 22 (Moszkva tér - Camping Hárshegy - Budakeszi) und Nr. 116 (Moszkva tér - Clark Ádám tér - Felszabadulás tér). Betriebszeit etwa 5.00-23.00 h; dazu 11 Nachtlinien.

Pionierbahn (úttörővasút): vom Széchenyi-hegy bis Hűvösvölgy, schöne Waldstrecke; keine Aussicht auf Budapest; Betrieb überwiegend von Schülern durchgeführt. Betriebszeit im Sommer etwa 10.00 - 20.30 h, alle 45 Min., 9 Stationen, Gesamtfahrzeit 50 Min., Fahrpreis Gesamtstrecke etwa 0,50 DM. Von Hűvösvölgy zurück mit Straßenbahnlinie 56 bis Moszkva tér.

Sessellift (libegő): von Zugliget zum János-hegy. Betriebszeit im Sommer 9.00-17.00 h. Fahrpreis etwa 0,60 DM. Talstation erreichbar mit Buslinie 158 ab Moszkva tér.

Standseilbahn (sikló): vom Clark Ádám tér auf den Burgberg. Betriebszeit 7.30-22.00 h. Fahrpreis 10 Ft. Einrichtung für Behinderte vorhanden.

Straßenbahn (villamos): Mit über 200 km Linienlänge ist der Budapester Straßenbahnbetrieb einer der größten in der Welt! Es gibt 34 Linien (Nr. 1...69), davon touristisch interessant Nr. 19 (Batthyány tér - Móricz Zs. körtér), Nr. 56 (Moszkva tér - Hűvösvölgy) und Nr. 61 (Moszkva tér - Südbahnhof - Móricz Zs. körtér). Betriebszeit etwa 4.30-23.30 h; dazu 6 Nachtlinien.

U-Bahn: Es gibt zwei *Metró-Linien (rot: West-Ost; blau: Nord-Süd) und die Unterpflasterbahn (földalatti; gelb)*, die unter der Népköztársaság útja herfährt. Alle drei haben einen gemeinsamen Kreuzungs- und Umsteigepunkt am Deák tér. Gesamtstreckenlänge 22,5 km. Für weitere Strecken in der Stadt oder Verbindungen zwischen den Bahnhöfen sehr empfehlenswert. Betriebszeit etwa 4.30 - 23.00 h. Eine vierte U-Bahn ist in Planung.

Vorortbahnen (HÉV): Es gibt vier Strecken bzw. Richtungen: nach Gödöllő (ab Örs vezér tere; Gesamtfahrzeit 49 Min.), nach Szentendre (ab Batthyány tér; 41 Min.), nach Ráckeve (ab Vágóhíd; 72 Min.) und nach Csepel (ab Boráros tér; 15 Min.). Betriebszeit etwa 4.00 - 23.30 h. Bis zur Stadtgrenze gelten die Stadtverkehrsfahrscheine, darüber hinaus Staffeltarif.

Zahnradbahn (fogaskerekűvasút): von Városmajor/Hotel Budapest zum Széchenyi-hegy, 3,5 km Länge. Talstation Városmajor erreichbar mit Buslinie 22 und Straßenbahnlinie 56 ab Moszkva tér. Betriebszeit etwa 4.00 - 24.00 h fährt alle 15 bis 30 Minuten. Fahrzeit 19 Min.

Schiffe, Taxi, Fernbusse etc. →*Reisen im Land*

Busverbindungen →*Reisen im Land, einzelne Orte*

Camping

Obwohl freies Zelten bzw. Kampieren im Wohnmobil in Ungarn offiziell nicht mehr verboten ist, sollte man einen der über 200 offiziellen Campingplätze aufsuchen. Fast jeder größere Ort hat einen (oft günstig gelegenen) Platz; an den Ufern des Balaton sind es allein mindestens 35. Im Juli und August herrscht eine drangvolle Enge auf den Plätzen in Budapest, am Balaton und in einigen anderen interessanten Orten. Wer nicht erst am Spätnachmittag oder Abend an der Rezeption eintrifft, wird aber meist einen Stellplatz finden. Nur am Balaton ist für die Hauptsaison generell eine Vorausbuchung beim MCCC (Adresse weiter unten) anzuraten, weil viele Dauercamper die Plätze „blockieren". Im Einzelfall kann man sich auch für eine Übernachtung im Auto neben einen überfüllten Campingplatz stellen. Wer hingegen abseits der bekannten Touristengebiete bleibt, wird häufig ruhige und nur schwach belegte Plätze vorfinden. Kurzum: Camping ist eine ideale Art des Ungarnurlaubs, allerdings machen sich die steigenden Touristenzahlen gerade in diesem Bereich stellenweise unangenehm bemerkbar. Wer im Juni oder erst im September fährt, entgeht dem Rummel weitgehend, muß jedoch gelegentlich mit kühlen Nächten rechnen.

Bei IBUSZ (→ *Touristeninformation*) oder an der Grenze erhält man kostenlos eine vereinfachte Ungarn-Straßenkarte mit einem leider nicht vollständigen Verzeichnis der Campingplätze und ihrer Ausstattung, u. U. auch ein komplettes Campingverzeichnis. Empfehlenswerter ist es deshalb, sich den über 230 Seiten starken ,,Magyarországi Kempingkalauz" (Ungarns Campingführer) zu holen. Die Ausgabe 1989 enthält 180 Plätze mit Lageskizze, detaillierter Beschreibung und manchen Zusatzangaben (z.B Fahrrad- oder Bootsverleih, Freibad). Das Buch ist für wenig Geld erhältlich in Buchhandlungen, an manchen Bücherkiosken oder direkt beim Herausgeber, dem *MCCC (Magyar Camping-és Caravanning Club)*. Dieser Club unterhält ein Kundendienstbüro in H-1085 Budapest VIII, Üllői út 6, Tel. 1 33 65 36. Das Sekretariat ist in H-1091 Budapest IX, Kálvin tér 9, Tel. 17 72 48. Es gibt auch Filialen in weiteren Städten des Landes.

Die Campingplätze sind etwa von Mitte Mai bis Ende September geöffnet. Es gibt drei Kategorien (I bis III nach abnehmender Qualität der Ausstattung). Die Sanitäranlagen sind oft nur mittelmäßig oder gar schlecht. Warme Duschen kann man keineswegs überall erwarten. Ein kleines Restaurant oder wenigstens ein Stehbuffet ist meist vorhanden, ebenso Einkaufsmöglichkeiten für Lebensmittel. Vielfach werden auch Blockhütten und Pavillons vermietet. Eine Reihe von Plätzen (besonders im Nordosten Ungarns) ist landschaftlich reizvoll gelegen.

Man bezahlt normalerweise eine pauschale Standplatzgebühr von etwa 2 DM bis maximal 6 DM pro Nacht plus etwa 1,50 DM bis 3,50 DM pro Person und Nacht.

→*Ermäßigungen, einzelne Orte*

Debrecen (O-Ungarn, Große Tiefebene)

Kaum zu glauben, daß es sich bei dieser Ansammlung von Bauernhäusern, gruppiert um eine einzige Verkehrs- und Geschäftsachse, um die drittgrößte und in nächster Zukunft gar zweitgrößte Stadt Ungarns handeln soll — so wird manch einer denken, der zum ersten Mal nach Debrecen kommt. Und in der Tat ist Debrecen (heute 211 000 Einw.) eine äußerst merkwürdige ,,Großstadt": es fehlen die vollgestopften und hektischen Geschäftsstraßen, die überdimensionalen Leuchtreklamen, die Kahlschläge zugunsten des Verkehrs, die pracht-

vollen Bürgerhäuser und weitgehend auch die eleganten Geschäfte — statt
dessen ist hier alles weitläufig, reichlich begrünt, dörflich, geradezu provinziell, ohne jedoch trist zu wirken.

Debrecen, selbständiger Großstadtbezirk und Hauptstadt des Bezirks Hajdú-
Bihar, ist trotz der forcierten Industrialisierung und der überdurchschnittlich
angestiegenen Einwohnerzahl eine Bauernstadt geblieben. An diesem Erscheinungsbild ändern auch einige aufwendig gestaltete Fassaden und die neu-
entstandenen Wohnblocks nichts, die größtenteils von Grünanlagen umgeben
sind. Wer aus der heißen und staubigen Puszta in diese Stadt kommt, wird
sie als eine Oase empfinden.

Debrecen / **Geschichte**

Schon lange vor der Landnahme durch die Ungarn (im 9. Jahrhundert) war
die Gegend von den Kelten, Dakern, Römern und anderen Völkern besiedelt
gewesen. Die mittelalterliche Siedlung entwickelte sich zunächst günstig, bis
sie durch einen Überfall der Mongolen hart getroffen wurde. Als die wiederer-
standene Stadt im Juni 1555 dem türkischen Sultan in die Hände fiel, gelang
es den Bürgern, sich gegen Zahlung einer großen Summe gewisse Handel-
sprivilegien und eine relative Unabhängigkeit zu erkaufen. Die günstige Lage zwischen den türkisch besetzten Landesteilen und dem habsburgischen
Machtbereich begünstigte einen regen Handel und ließ Debrecen zu einer
reichen Stadt werden.

1540 traten die Einwohner von Debrecen geschlossen zum Protestantismus
über, die Stadt erhielt den Namen ,,kalvinistisches Rom'', fortan war es nur
noch Kalvinisten gestattet, sich hier niederzulassen. Das 1538 geschaffene
,,Reformierte Kollegium'' (später eine berühmte Lehranstalt) wurde geistiges
Zentrum der Glaubensrichtung. 1552 existierte die katholische Kirche in Debrecen praktisch nicht mehr. Merkwürdigerweise begann der Niedergang dann
mit der Vertreibung der Türken im Jahre 1699. Die nachrückenden Truppen
der Habsburger plünderten und brandschatzten die Stadt mehrere Male, das
städtische Leben erlosch. Während des Freiheitskampfes 1848/49 verlegte die
Revolutionsregierung unter Lajos Kossuth vorübergehend ihren Sitz nach Debrecen und proklamierte von hier aus am 14.4.1849 die Entthronisierung des
Hauses Habsburg — der Aufstand wurde jedoch niedergeschlagen.

Im Zweiten Weltkrieg gab es schwere Schäden in Debrecen. Während Budapest noch in den Händen der Faschisten war, zog die Rote Armee schon in
Debrecen ein und setzte hier im Dezember 1944 eine neue provisorische Regierung Ungarns ein, die sogleich Deutschland den Krieg erklärte.

In jüngster Zeit (1988) rückte Debrecen überraschend in die Schlagzeilen als
erster Zufluchtsort für einige tausend Flüchtlinge aus dem Nachbarland Ru-

mänien: überwiegend Angehörige der ungarischen Minderheit Siebenbürgens, die dem Hunger und den massiven Repressionen des Ceauşescu-Regimes entgehen wollten (→*Politik*).

Ehemals deutschsprachiger Ortsname: Debrezin.

Debrecen / **Sehenswürdigkeiten**

Die Stadtbesichtigung läßt sich sehr ,,rationell'' absolvieren, ein Rundgang im eigentlichen Sinne kommt kaum in Betracht. Die fast schnurgerade *Vörös Hadsereg útja* (Straße der Roten Armee) ist in jeder Hinsicht das Zentrum der Stadt: sie beginnt am Bahnhof und reiht nahezu alles Sehenswerte einschließlich der Geschäfte und Restaurants auf. In ihrer nördlichen Verlängerung (Péterfia utca und weiter Simonyi út) führt sie geradewegs zum Campingplatz. Auf dieser Hauptachse verkehrt die einzige Straßenbahnlinie (sinnloserweise als Linie 1 bezeichnet).

Vor dem Bahnhof (MÁV-pályaudvar) dehnt sich eine große Grünanlage, der Petőfi tér, gekreuzt von der Fernstraße 4 (Budapest — Debrecen — UdSSR). Mit dem Rücken zum Bahnhof geht man nun geradewegs in die oben genannte Vörös Hadsereg útja, das ,,Zentrum'' von Debrecen. Etwa 100 m hinter dem Ende des Petőfi tér steht auf der rechten Seite (gegenüber der Dimitrov utca) das ehemalige *Komitatshaus*, einst Sitz des Bezirksrates; es ist eines der interessantesten Häuser der Stadt. Ein Stück weiter auf der Hauptstraße sieht man linkerhand einen gedrungen wirkenden gelben Turm ohne Spitze, statt dessen mit einigen Zinnen besetzt: es ist der Turm der *Kleinen Reformierten Kirche* (*Református Kistemplom*), die aus den Jahren um 1720 stammt. Die ehemalige zwiebelförmige Turmspitze wurde 1907 bei einem Unwetter zerstört. Hier am Révész tér, an der Kirche, kann man kurz links in die Széchenyi utca gehen: das Haus Nr. 6 ist das älteste Wohnhaus der Stadt (*Diószegi-Haus*; heute Restaurant ,,Régiposta''), erbaut um 1700; hier soll 1714 König Karl XII. von Schweden auf der ,,Heimreise'' aus der Türkei genächtigt haben. Wieder auf der Vörös Hadsereg útja hat man nun einen riesigen gelben Bau vor sich, der mit einem roten Stern auf dem Dach ,,verziert'' ist: es ist das klassizistische *Rathaus* aus dem Jahre 1842. Blickt man von hier aus noch weiter in nördliche Richtung, dann steht am Ende der platzartig erweiterten Straße (am Kossuth tér) unübersehbar die *Große Reformierte Kirche* (*Református Nagytemplom*) mit ihrer leuchtend gelben, aber ziemlich schmucklosen Fassade. Der Bau entstand in den Jahren 1814-21, er spielte zweimal eine Rolle in der Geschichte Ungarns: 1849 und 1944, jeweils als Ort epochaler Bekanntmachungen (Regierungsstürze). Hinter der Kirche, am Kálvin tér, stößt man auf das Gebäude des *Reformierten Kollegiums* (*Református Kollégium*), heute eine theologische Hochschule mit beachtlicher Bibliothek. In unmittelbarer Nachbarschaft, am Déri tér, liegt das *Déri-Museum* (geöffnet Di-So 10-18h): es beherbergt neben einer stadtgeschichtlichen Sammlung auch viele ostasiatische Gegenstände sowie eine Gemäldegalerie des 19. und 20. Jahrhunderts.

Geht man nun auf der Péterfia utca (Verlängerung der Vörös Hadsereg útja) weiter in der bisherigen Richtung, dann erreicht man bald eine riesige Parkanlage, die als *Nagyerdő* (*Großer Wald*) bezeichnet wird und bereits in den 50er Jahren erstes Naturschutzgebiet Ungarns wurde. Im vorderen Teil des Nagyerdő, der von der Nagyerdei körút (Ringstraße) umgeben ist, gibt es ein Freibad, ein Thermalbad, einen Tierpark, einen Bootsteich sowie Ausflugslokale. An der nordwestlichen Ecke der Ringstraße, ebenfalls inmitten von Parkanlagen, steht die *Universität* bzw. Uni-Klinik (erbaut 1928-32), die nicht so recht zum provinziellen Charakter der Stadt paßt. Hier wird alljährlich eine interessante Veranstaltung abgehalten: die sogenannte Sommeruniversität (Nyári Egyetem). Dabei handelt es sich um einen sehr preiswerten vierwöchigen Ungarisch-Sprachkurs inklusive landeskundlicher Vorträge, der prinzipiell allen Ausländern offensteht (Anschrift →*Sprachführer*).

Debrecen / **Umgebung**

Wenn man Debrecen auf der Landstraße 33 in westlicher Richtung verläßt, überquert man nach gut 20 km den Keleti-főcsatorna (Östlicher Hauptkanal); gleich dahinter beginnt der 53 500 ha große **Nationalpark Hortobágy**, wo man die Puszta in ihrer ursprünglichen Form erhalten will. Es ist eine endlose monotone Kurzgrassteppe, in der man vereinzelt Ziehbrunnen, Fischteiche, hier und da auch Gänsescharen sieht (→*Puszta*). Kernstück des Nationalparks ist der kleine Ort Hortobágy, bei dem eine neunlöchrige weiße Steinbrücke (erbaut 1833) über den gleichnamigen Fluß führt. Daneben ein typischer Gasthof (,,Hortobágyi csárda'', seit 1699, umgebaut 1815). Gegenüber, im ehemaligen Wagenschuppen,ein Hirtenmuseum; in einem Rundbau eine sehr sehenswerte naturkundliche Ausstellung (beides geöffnet 9-17/18h). Jenseits der Brücke liegt, etwas abseits der Straße 33, das Gestüt von Máta (Ausritte möglich). Traditionelle Veranstaltungen in Hortobágy sind: im Juli die Reitertage, Mitte August der Brückenmarkt (hídi vásár). Seit ein paar Jahren existiert auch ein Campingplatz nahe der Brücke. Man sollte vielleicht überlegen, ob man nicht von Debrecen aus den Abstecher nach Hortobágy per Eisenbahn unternehmen will (Züge Richtung Füzesabony)!

Debrecen / **Praktische Informationen**

Ärztliche Versorgung: *Apotheken* in der Csapó utca (am Kossuth tér) und am Révész tér. — *Bezirkskrankenhaus* in der Kórház utca (am Bem tér), *Kinderkrankenhaus* an der Bartók B. út.

Autoservice: Autoclub MAK am Révész tér. — Werkstatt an der Szabadság útja 27 (Straße 4 nach Nyíregyháza). — Tankstellen in der Nyugati utca, an der Straße 33 nach Hortobágy, an der Straße 47 nach Berettyóújfalu; bleifreies Benzin an der István út (Straße 4 nach Budapest). — Ersatzteilladen auf der Vörös Hadsereg útja 81.

Bademöglichkeiten: Freibad und Thermalbad im Nagyerdő (siehe oben).

Banken: Nationalbank (*Nemzeti Bank*) in der Hatvan utca; Landessparkasse (*Országos Takarékpénztár*) schräg gegenüber.

Camping: „Termál Kemping", Nagyerdei körút 102, Tel. 1 24 56 (Kat. I; geöffnet 1.5. bis 30.9.; sehr günstige Lage im städtischen Erholungspark, viel Schatten, im Sommer oft ziemlich voll; gute Verbindung in die Stadt mit Straßenbahn oder Bus). — „Vekeri-tavi Kemping", Tel. 1 35 00 (Kat. I; geöffnet 15.4. bis 30.9.; etwas außerhalb im Südosten der Stadt gelegen an dem schönen

Wenn man vor dem Hauptgebäude der Universität in Debrecen steht, merkt man nichts mehr vom provinziellen Charakter der Stadt

See Vekeri-tó; gute Ausstattung; per Auto erreichbar über die Brücke neben dem Bahnhof und weiter auf der Straße 47 nach Berettyóújfalu, dann Hinweisschilder nach links; VOLÁN-Buslinie 26 ab Bahnhof). — ,,Kerekestelepi Kemping'', Lomnicz utca 2-4, Tel. 2 12 99 (Kat. III; geöffnet 15.5. bis 1.9.; Thermalbad nebenan; in einem südlichen Vorort gelegen; ebenfalls an der Straße 47 ausgeschildert, hinter der Tankstelle links in die Hun utca einbiegen; VOLÁN-Buslinie 4 Y ab Bahnhof).

Einkaufen: (alle folgenden Geschäfte sind in der Vörös Hadsereg útja; angegeben sind deshalb nur die Hausnummern!): Warenhaus Nr. 36, Fotofachgeschäft Ofotért Nr. 24 (Sa. geschlossen), Foto-Expreßdienst Nr. 38 (2-Std.-Service); Schallplatten Nr. 71, Buchhandlungen Nr. 26 und 45, Buchantiquariat in der Passage bei Nr. 26. Eine wirkliche Bereicherung für die Stadt ist der neugebaute Ladenkomplex ,,Udvarház'' gegenüber der Großen Reformierten Kirche: hier gibt es eine Vielzahl sehr attraktiver Geschäfte und Boutiquen, wie sie in der ganzen ,,City'' sonst nicht zu finden sind.

Essen und Trinken: (alle Adressen auf der Vörös Hadsereg útja; hier nur Hausnummern): Restaurant ,,Hungária'' Nr. 53 (gepflegt, aber nicht teuer; umfangreiche Speisekarte; neuerdings Durchgang zu einem kleinen französischen Lokal). — Restaurant ,,Szabadság'' Nr. 29 (mit Garten). — Restaurant ,,Gambrinusz'' Nr. 28 B. — Café ,,Omnia'' Nr. 47 (mit Straßenplätzen). — Weitere angenehme Möglichkeiten im Nagyerdő und am Campingplatz.

Polizei: Ságvári E. utca 2 (beim Bahnhof).

Post: Schalterhalle am Bahnhof; außerdem in der Hatvan utca, Telefonvorwahl 52.

Touristeninformation: Hajdútourist (Fremdenverkehrsamt), 4026 Debrecen, Kálvin tér 2A, Tel. 1 55 88. — IBUSZ, Vörös Hadsereg útja 11-13. — Express-Jugendreisebüro, Kandia utca 1, Tel. 1 43 91-93.

Unterhaltung/Nachtleben: Im Café ,,Pálma'' am nördlichen Ende der Simonyi út (direkt am Nagyerdő) ist abends regelmäßig eine Disko. Die Innenstadt ist nach 22 Uhr oft schon wie leergefegt.

Unterkunft: Das beste Haus am Platze ist das Hotel ,,Arany Bika'', Vörös Hadsereg útja 11-15, Tel. 1 18 74 und 1 67 77, (Kat. A/B; imposanter Jugendstilbau). Etwas einfacher und preiswerter sind die folgenden drei: ,,Debrecen'', Petőfi tér 9, Tel. 1 65 50 (Kat. C); ,,Főnix'', Barna utca 17, Tel. 1 39 50 (Kat. C.); ,,Termál'', Nagyerdei körút 9. — Privatzimmervermittlung über die Touristeninformation. — Als Jugendherberge fungiert in der Hauptsaison das ,,Tóthfalusi Sándor Kollégium'', Egyetem tér 1 (an der Universität).

Veranstaltungen: Alljährlich im Juli die ,,Debrecener Jazztage'' (Debreceni Dzsessznapok). Am 20. August ein bunter Blumenkarneval.

Verkehrsverbindungen: 230 Straßen-km von Budapest. — Täglich mehrere Zugverbindungen nach Budapest, Nyíregyháza, Miskolc und Záhony (einige weiter bis Moskau); täglich einmal nach Eger, Szeged und Salgótarján, außerdem nach Belgrad, Warschau und Varna/Bulgarien; für Züge nach Rumänien dürfte die weitere politische Entwicklung bedeutsam sein *(→Politik)!* — Die Verkehrsbetriebe von Debrecen (DKV) betreiben eine einzige Straßenbahnlinie (Nr. 1), die in dichter Wagenfolge zwischen Bahnhof und Nagyerdő bzw. Uni-Kliniken pendelt, und seit Juli 1985 auch eine Obuslinie (Nr. 2), welche die Innenstadt im Halbkreis umfährt und die Straßenbahnlinie vor dem Hauptbahnhof kreuzt. Die Endpunkte der Obuslinie 2 sind Segner tér (vor dem Kleinbahnhof Vásártér) und Hauptfriedhof. Eine weitere Obuslinie, die die Vörös Hadsereg útja etwa in der Mitte kreuzt, wurde inzwischen in Betrieb genommen (Linie 3); ihre Endpunkte sind dieselben wie bei Linie 2. Da die DKV keinen Omnibusverkehr unterhält, wird der gesamte sonstige Stadt- und Vorortverkehr vom Überlandbusunternehmen VOLÁN mitgetragen. Wichtige Busterminals sind vor dem Hauptbahnhof und am Segner tér/Vásártér. — Taxistände u.a. vor dem Hauptbahnhof, in der Rózsa utca (am Rathaus) und an der Uni-Klinik. — Die Pionierbahn (úttörővasút) der DKV, die von der Április 4. útja im Osten des Stadtzentrums zum 16 km entfernten Waldgebiet Hármashegyalja abfährt, ist in keinem gängigen Reiseführer erwähnt (3 Fahrten täglich, 46 Minuten Fahrzeit).

Diebstahl

Verläßliche Zahlen oder Angaben über Eigentumsdelikte in Ungarn sind kaum erhältlich. Leider sind die Zeiten vorbei, in denen man sich in Ungarn völlig sicher fühlen konnte. Besonders in ein einigen Ecken von Budapest sollte man heutzutage etwas besser auf Taschen u.ä. achten!

Dokumente

Zur Einreise nach Ungarn benötigt man den *Reisepaß* oder *Personalausweis*. Kinder unter 14 Jahren läßt man am besten in den Elternpaß eintragen. Österreicher können auch mit einem maximal 5 Jahre abgelaufenen Paß einreisen! Aufenthalt maximal 90 Tage. Ein Visum benötigen nur noch die Bürger folgender europäischer Staaten: Türkei, Portugal, Albanien.
Im übrigen benötigt man als Autofahrer in Ungarn nur den *nationalen Führerschein* und die *Zulassung*; die *Grüne Versicherungskarte* sollte man besser auch dabeihaben. Als Schüler oder Student zahlt es sich aus, einen *internationalen Studentenausweis* mitzunehmen *(→Ermäßigungen)*.
Impfdokumente für Haustiere *→Tiere.*

Dunaújváros (Mittelungarn, Große Tiefebene)

Am Donauufer, einige Kilometer südlich der großen Csepel-Insel (heute teilweise Budapester Industriegebiet), gab es ein Dorf namens Dunapentele an der Stelle einer ehemaligen römischen Grenzfestung. Hier begann man im Jahre 1950 damit, die erste „sozialistische Stadt" Ungarns planmäßig aufzubauen: ein großes Eisenwerk, Kraftwerk, Kokerei, Montagehallen; in geringem Abstand davon Wohnblocks und allgemeine Versorgungseinrichtungen, umgeben von Grünanlagen. Die Stadt wurde zunächst Sztálinváros (Stalinstadt) genannt, später dann Dunaújváros (Donauneustadt). Heute leben hier 61 000 Menschen. Dunaújváros ist kein Touristenziel in dem Sinne, daß es hier malerische Winkel oder historische Gebäude gäbe. Was für interessierte Reisende sehenswert ist, ist das *ungewöhnliche Stadtbild*. Darüber hinaus lohnt sich der Gang ins *Museum* (Ady Endre utca), wo man viele ortsgeschichtliche Eindrücke, von der Römerzeit bis zum Aufbau der Planstadt, vermittelt bekommt. Gelegentlich gibt es für Besucher auch Führungen durch das *Eisenwerk „Dunai Vasmű"*. Einfachere Hotels sowie Campingplatz (Tel. 1 76 27; geöffnet 1.5. bis 31.8.) vorhanden.

Etwa 40 km südlich von Dunaújváros, in **Paks**, steht das erste Atomkraftwerk Ungarns. Im Ort auch ein eisenbahngeschichtliches Museum.

Eger (NO-Ungarn, Nordungarisches Mittelgebirge)

Die alte und historisch bedeutende Stadt Eger (61 000 Einw.), Verwaltungssitz des Bezirks Heves, liegt sehr reizvoll zwischen dem Mátra-Gebirge im Westen, dem Bükk-Gebirge im Nordosten und der Großen Tiefebene im Süden. Es ist die schönste Barockstadt Ungarns und eines der führenden Bildungszentren. Offiziell sind 175 Kunstdenkmäler ausgewiesen. Neben Budapest und Sopron gehört Eger zu den touristisch bedeutendsten Städten des Landes; man spürt davon aber bislang keine negativen Auswirkungen. Bekannt ist Eger wegen seiner vorzüglichen Weine, z.B. „Erlauer Stierblut" (Egri bikavér); ein über 500 Jahre altes Kellernetz von rund 5 km Gesamtlänge beweist die lange Tradition des hiesigen Weinbaus. Auch die Holzverarbeitung, z.B. in Möbelfabriken, spielt heute eine große wirtschaftliche Rolle.

Sowohl die Stadt Eger als auch die waldreiche Umgebung stellen einen deutlichen Kontrast zum Erscheinungsbild der Großen Tiefebene dar.

Der Dom zu Eger ist neben dem Dom von Esztergom der zweitgrößte Ungarns ▶

Eger / **Geschichte**

Die Gegend war bereits in der Steinzeit besiedelt. Zur Zeit der Landnahme
durch die Ungarn (895-907) entstand eine Siedlung, die 1241 von den Mongolen dem Erdboden gleichgemacht wurde. Bereits seit 1009 war Eger Bischofssitz. Bis zum Vorrücken der Türken im 16. Jahrhundert entwickelte sich die
Stadt dann ungestört. Dank ihrer starken Befestigungsanlagen konnte die erste türkische Belagerung (1552) trotz erheblicher Übermacht der Angreifer ab-
gewehrt werden — ganz Europa schien damals aufzuatmen. Waren die Türken also doch nicht unbesiegbar? Es dauerte noch 44 Jahre, dann konnte
Sultan Mohammed III. 1596 die Burg einnehmen.
Die Türken blieben bis 1687. In diesem Zeitraum gaben sie der Stadt ein unverkennbar islamisches Gesicht, das heute allerdings nur noch an einigen
Überresten erkennbar ist. Eger war sogar Hauptort einer neu gegründeten
türkischen Provinz (vilayet). Nach dem Abzug der Türken blieben einige hundert mohammedanische Einwohner zurück und traten zum Christentum über.
Insgesamt lebten damals noch etwa 3 500 Menschen in der Stadt, deren Häuser
zum großen Teil zerstört waren. Die weitgehend intakte Burganlage wurde 1702
auf Veranlassung Kaiser Leopolds gesprengt, um zu verhindern, daß sie von
Aufständischen (gegen das Habsburger-Regime) benutzt werden konnte. Das
hinderte Rákóczi, den Führer im Freiheitskampf, aber nicht daran, mehrere
Male von Eger aus zu operieren.
Als Sitz des Erzbischofs (seit 1804) nahm die Stadt einen beachtlichen Auf-
schwung, das heutige barocke Stadtbild entstand. Eine wirtschaftliche Blütezeit folgte, von einer Industrialisierung kann man aber erst seit 1945 reden.
— Ehemaliger deutschsprachiger Ortsname: Erlau (nicht zu verwechseln mit
Cheb in der Tschechoslowakei, das auf Deutsch Eger genannt wird!)

Eger / **Sehenswürdigkeiten**

Auf einer Anhöhe im Osten des kleinen Stadtzentrums, jenseits des Eger-
Baches, thront die mächtige *Burg (vár)* bzw. die nach der Sprengung von 1702
übriggebliebenen und teilweise wiederaufgebauten Teile. Vom Dózsa György
tér geht man eine steile Gasse aufwärts und gelangt an das südliche Burgtor.
Innerhalb der Mauern kann man den Bischofspalast (15. Jahrhundert), Überreste einer gotischen Kathedrale, das Burgmuseum, ein mehrstöckiges Sy-
stem von Kasematten, Munitionslager, Kasernenräume und anderes besichtigen (mit Führer). Vom Burgberg aus hat man eine schöne Sicht über die Dä-
cher und Türme von Eger — man kann leicht den Eindruck haben, es sei ein
Ort auf dem Balkan.
Geht man vom südlichen Burgtor wieder abwärts und unterhalb der Mauern
die Dobó István utca entlang, dann erreicht man schnell das Wahrzeichen

von Eger: ein einzelnes, freistehendes *Minarett* von knapp 40 m Höhe (erbaut um 1600) auf einem kleinen Platz. Die dazugehörige Moschee, die nach der Türkenzeit zunächst noch in eine Kirche umfunktioniert wurde, hat man 1841 abgerissen.

Durch die Markhót F. utca, den Eger-Bach überschreitend, gelangt man ins Zentrum: linkerhand hinter dem großen Kaufhaus liegt der *Dobó István tér*, der schon im Mittelalter als Marktplatz diente. Der Platz wird beherrscht von zwei sehr ansehnlichen Gebäuden: das gelbe *Rathaus* (*városház*) und daneben die rosafarbene *Minoritenkirche* aus der Mitte des 18. Jahrhunderts samt Ordenshaus. Mitten auf dem Platz außerdem zwei Denkmäler, von denen das eine an István Dobó, den berühmten Verteidiger der Burg während der türkischen Belagerung, erinnert.

Vom Dobó István tér zweigen einige Gassen ab: durch die Bajcsy-Zsilinszky utca und an der Biegung weiter geradeaus durch die Jókai Mór utca erreicht man eine breitere Querstraße: die Kossuth L. utca. Man steht plötzlich vor der *Franziskanerkirche* am Ort einer früheren Moschee. In derselben Straße der *Kleinpropstpalast* (Haus Nr. 4), das *Komitatsrathaus* (Nr. 9), das ehemalige *Franziskanerkloster* (Nr. 14) und der *Großpropstpalast* (Nr. 16), außerdem das sogenannte *Buttlerhaus* (Nr. 26). Auf eben dieser Kossuth L. utca (an der Ecke zur Széchenyi utca) ein riesiger Barockpalast, einst *Erzbischöfliches Lyzeum*, heute Pädagogische Hochschule mit dem erstaunlichen Namen „Ho Chi Minh". In dem Gebäude sind das Astronomische Museum und eine Prunkbibliothek zu besichtigen. An der gegenüberliegenden Straßenecke (am Szabadság tér) oberhalb einer Grünanlage — endlich — der *Dom;* er stammt aus den 1830er Jahren und ist nach dem von Esztergom der zweitgrößte Ungarns. Rechts oberhalb des Domes, in der Széchenyi utca, liegt der *Erzbischöfliche Palast* mit großem Innenhof. Daneben die *staatlichen Weinkellereien*.

Eger / **Umgebung**

Im waldreichen Mátra-Gebirge westlich von Eger liegt Ungarns höchster Berg, der **Kékes-tető** (1015 m; oben Fernsehturm; 3 km Fußweg ab Mátraháza; Wintersportmöglichkeiten). Im Verlaufe der Landstraße 24 kommt man auch durch **Mátrafüred** (Kurort; Schmalspurbahn ab Gyöngyös; schöner Campingplatz und Aussichtstürme am Sás-tó 3 km nördlich), durch **Mátraháza** (größtes Wintersportzentrum Ungarns), durch **Parádfürdő** (Heilbad; Wagenmuseum) und durch **Sirok** (interessante Burgruine in Felsen, gute Aussicht). Bükk-Gebirge bzw. Gebiet östlich von Eger →*Miskolc*.

Eger / **Praktische Informationen**

Autoservice: Autoclub MAK in der Jókai M. utca 3. — Tankstelle mit 24-Stunden-Dienst an der Rákóczi út 79 (am Campingplatz), Bleifrei an der Lenin út.

Bademöglichkeit: Thermalfreibad nahe beim Petőfi tér.

Camping: Platz am nördlichen Ortsende an der Straße 25 (Rákóczi út 79, Tel. 1 05 58; Kat. II; geöffnet 1.5. bis 30.9.; gepflegte Anlage mit Restaurant und Laden; Buslinie ins Zentrum, zu Fuß 12-15 Minuten).

Einkaufen: Im Zentrum ist die Széchenyi utca und der daneben liegende Katona István tér als Fußgängerzone hergerichtet. Es gibt einige gut sortierte Kaufhäuser und Spezialgeschäfte, z.B. das Warenhaus ,,Centrum" am Dobó István tér, ein Geschäft für Campingartikel in der Széchenyi utca 2, Buchläden in der Széchenyi utca 12 und 5 (im Hof); außerdem eine supermoderne Markthalle mit zwei Stockwerken am Katona István tér (siehe Foto S. 47), die einen Besuch lohnt. Insgesamt macht Eger aber nicht den Eindruck einer attraktiven Einkaufsstadt.

Essen und Trinken: Restaurant ,,Mecset" in der Torony utca (gleich beim Minarett; mit Garten; auch einige türkische Spezialitäten). Restaurant ,,Agria Taverna" in der Trinitárius utca 1. ,,Belvárosi"-Restaurant in der Bajcsy-Zsilinszky utca. ,,Bajor Sörház" in derselben Straße (bayrisches Bier- und Eßlokal). Café in der Széchenyi utca 6. Weinproben in mehreren Lokalen.

Post: Széchenyi utca 22, Telefonvorwahl 36.

Touristeninformation: Eger Tourist (Fremdenverkehrsamt), 3300 Eger, Bajcsy-Zsilinszky utca 9, Tel. 1 17 24. — IBUSZ, Bajcsy tömb, Tel. 1 25 26. — Express-Jugendreisebüro, Széchenyi utca 28, Tel. 1 07 57.

Unterkunft: Touristenhotel ,,Unicornis", Dr. Hibay K. utca 2, Tel. 1 28 86 (Kat. B). — Hotel ,,Eger", Szálloda utca 1, Tel. 1 32 33 (Kat. B). — Motel am Campingplatz (siehe oben). — Privatzimmer über Touristeninformation; außerdem Übernachtung in Studentenwohnheimen möglich.

Verkehrsverbindungen: 128 Straßen-km von Budapest. — Bahnhof am südlichen Stadtrand: Züge in Richtung Miskolc, Ózd und Tiszafüred. — Bushof am Felszabadulás tér bzw. Beloiannisz utca (hinter dem Dom). Die VOLÁN-Buslinie 12 fährt von hier zurück zum Campingplatz (Abfahrt außerhalb des kreisrunden Terminals!).

Einkaufen

Die gesamte Versorgungslage ist in Ungarn im Vergleich zu anderen Staaten Osteuropas (vor allem Rumänien) um soviel besser, daß man zunächst glauben könnte, man sei in einem westeuropäischen Land. Was man eventuell in der Provinz vermißt, sieht man dann später in den Geschäften von Budapest. Besonders für die Bürger der ehemaligen DDR war Ungarn immer ein Warenparadies (→*Geld*). Dennoch sollte man nicht grundsätzlich darauf vertrauen, in Ungarn alles zu bekommen. Hat man z.B. eine Autopanne und benötigt plötzlich ein ganz bestimmtes Ersatzteil oder irgendeinen westlichen Markenartikel, dann wird man des öfteren feststellen, daß manche Dinge eben doch nicht oder zumindest nicht auf Anhieb aufzutreiben sind.

Lebensmittel: Das Angebot ist sehr groß und qualitativ durchweg zufriedenstellend, außerdem für unsere Verhältnisse preisgünstig. Versorgungsmängel oder gar Rationierungen gibt es nicht. Auch in kleinen Orten existieren SB-Läden. Obst und Gemüse in einer ebenfalls erstaunlichen Auswahl wird an Straßenständen und in Markthallen verkauft; nicht selten sind es kleinere Mengen aus privaten Gärten. Als Selbstversorger hat man in Ungarn keine Probleme! Es ist übrigens nicht gestattet, Lebensmittel in größeren Mengen auszuführen! Einige Aufschriften von Geschäften: *élelmiszer* (*bolt*) = Lebensmittel(geschäft), *italbolt* = Getränkeladen, *hús/hentesáru* = Fleisch/Wurstwaren, *kenyér/pékáru* = Brot/Backwaren, *füszer/csemege* = Gewürze/Feinkost, *vajltejtermék* = Butter/Milchprodukte, *zöldség/gyümölcs* = Gemüse/Obst, *édességek* = Süßigkeiten, *áruház* = Kaufhaus.

Genußmittel: Die einheimischen Alkoholika und Tabakwaren sind recht gut. Wer unbedingt seine West-Zigaretten haben will, muß sie teuer bezahlen.

Film- und Fotoartikel: →*Fotografieren*

Bücher: In Budapest findet man viele Buchhandlungen, die auch deutschsprachige Bücher führen, entweder Ausgaben des ungarischen Corvina-Verlags, seltener auch westdeutsche Reiseführer, Wörterbücher etc. Die Qualität der Druckerzeugnisse ist gut, und es lohnt sich auf jeden Fall, einen Buchladen zu betreten. Am attraktivsten sind die zahlreichen Buchhandlungen und Antiquariate in der Budapester Váci utca und deren Umgebung. Beachtlich ist auch das Angebot an Notenbüchern und Schallplatten, Postern und Postkarten. Genauere Titelempfehlungen →*Karten*; →*Literatur*.

Textilien: Man findet auch eine größere Zahl westlicher Marken (Jeans, Sportkleidung), allerdings lassen Auswahl und modische Aktualität für den verwöhnten West-Touristen doch öfters zu wünschen übrig. Der Kauf von Kleidung und Schuhen in Ungarn spielt also keine größere Rolle. Kinderkleidung käme eher in Frage, doch bei umfangreicheren Käufen muß man mit Ausfuhrschwierigkeiten rechnen.

Mitbringsel: Typische, wenn vielleicht auch unscheinbare Erzeugnisse von hervorragender Qualität sind vor allem Paprikapulver, Aprikosenschnaps („Barack Pálinka") sowie natürlich Wein (Tokajer, Badacsonyer, Erlauer). Besonders in Grenznähe zu Österreich werden den Touristen Knoblauchzöpfe, Paprikazöpfe, Salami und gutes Obst an Straßenständen offeriert — allerdings zu erhöhten Preisen. Haltbare Mitbringsel von gutem Ruf sind diverse Stickereien, Keramikwaren, kleinere Flickenteppiche, Deckchen und Folkloreblusen sowie das teure Herender Porzellan. Es gibt große Preisunterschiede, je nachdem ob man bei einer alten Bäuerin an einem armseligen Straßenstand oder Hauseingang kauft oder in einem der boutiquenartigen Touristenläden. Zur letzteren Kategorie gehört das „FolkArtCentrum", Budapest, Váci utca 14 — wie gesagt, teuer, aber ein Besuch lohnt sich, um einen Überblick zu bekommen. Gegenstände, die älter als 50 Jahre sind, gelten als Antiquitäten und dürfen nicht ausgeführt werden.

Einreise →*Dokumente, Zoll*

Ermäßigungen

Es gibt vielerlei Ermäßigungen, besonders für Inhaber eines internationalen Studentenausweises und ganz allgemein für Reisende außerhalb der Hauptsaison. Hier die wichtigsten:
Bei den öffentlichen Verkehrsmitteln (vor allem Linienbus, Eisenbahn) gibt es Zeitkarten, die für alle Personengruppen in Frage kommen (→*Reisen im Land*). Kinder bis zu 4 Jahren reisen kostenlos, bis zu 10 Jahren in der Regel zum halben Preis.
Auf Campingplätzen übernachten Kinder unter 6 Jahren kostenlos, unter 14 Jahren zum halben Preis. Mit Studentenausweis gibt es zum Teil erhebliche Nachlässe. Besitzer von Campingcarnets erhalten ebenfalls Rabatte (meist 20 %). Bei Zahlung in Devisen ziehen manche Platzverwaltungen 3 % ab. Ferienhäuser sind außerhalb der Saison etwa 35 bis 40 % billiger zu haben, auch manche Campingplätze bieten Nachlässe in dieser Zeit.
In Museen, Galerien, Ausstellungen, Schwimmbädern etc. sollte man zumindest den Studentenausweis einmal vorzeigen. Für Schüler und Studenten steht darüberhinaus das Jugendreisebüro „Express" (Budapest V, Szabadság tér 16) mit vergünstigten Angeboten und speziellen Programmen zur Verfügung. Bei IBUSZ gibt es einen Prospekt „Jugendliche in Ungarn" (→*Touristeninformation*).

Essen und Trinken

In Ungarn kann man gut und preiswert essen. Im Gegensatz zu den Balkanländern (besonders Jugoslawien), wo man überwiegend gegrilltes Fleisch und rohe Salate bekommt, ist die ungarische Küche abwechslungsreich und raffi-

niert, allerdings nicht gerade kalorienarm. Unter den Zutaten spielen Paprika, Schweineschmalz, saure Sahne, verschiedene Fleisch- und Fischsorten
eine große Rolle. Gemüse und Salate werden in weitaus geringerem Maße
gegessen, als es die angebotenen Mengen auf den Märkten erwarten lassen.
Die ungarische Küche ist sehr aromatisch, aber keineswegs überwiegend
scharf. Einige wichtige Wörter zur groben Orientierung: *leves* = Suppe, *zöld-
ség* = Gemüse, *gyümölcs* = Obst, *hús* = Fleisch, *hal* = Fisch, *csirke* =
Huhn, *kolbász* = Wurst, *sajt* = Käse, *vaj* = Butter, *tojás* = Ei, *burgonya* =
Kartoffel, *galuska* = Nockerl, *rizs* = Reis, *pecsenye* = Braten, *szelet* = Schnit-
zel, *kenyér* = Brot; *vegyes* = gemischt, *fött* = gekocht, *rántott* = gebacken,
sült = gebraten, *pirított* = geröstet, *töltött* = gefüllt, *magyaros* = auf ungarische Art (also mit Lecsó, siehe unten).

Einige typische Gerichte

Pörkölt ist das, was man bei uns gemeinhin unter Gulasch versteht (aus Fleisch,
Zwiebeln, Paprika; Beilage Nockerln);

Paprikás ist ein Pörkölt, dem saure Sahne zugegeben wird;

Gulyás bzw. *Gulyásleves* ist die Gulaschsuppe, die nicht so dickflüssig ser-
viert wird wie bei uns (enthält Fleisch, Kartoffelwürfel, Zwiebeln, Paprika);

Halászlé ist eine sehr beliebte scharfe Fischsuppe;

Bifsztek tükörtojással ist Beefsteak mit Spiegelei;

Töltött káposzta: mit Fleisch gefülltes oder geschichtetes Kraut;

Csirkepaprikás: Paprikahuhn;

Lecsó: untereinander gekochte Paprikaschoten, Tomaten und Zwiebeln (als
Eintopf oder Gemüsesoße zu Fleischgerichten);

Palacsinta: Crêpes (auf vielfältige Art);

Rétes: Strudel (auf vielfältige Art)

Getränke

Zu trinken gibt es neben mancherlei Fruchtsäften (*szörp*), Limonaden und Cola
vor allem Bier (*sör*) und Wein (*bor*). Die zahlreichen ungarischen und polni-
schen Biere sind meist ziemlich leicht und von mittelmäßigem Geschmack,
die Sorten aus der Tschechoslowakei sind sehr zu empfehlen und auch nicht
viel teurer. Die Weinkarte ist in vielen Lokalen umfangreich: neben den Tokajer-
Sorten (→ *Tokaj*) ist „Erlauer Stierblut" (Egri bikavér) beliebt sowie die Sorten
aus der Balaton-Gegend und aus Sopron. Wein mit Sodawasser (*fröccs*) wird
oft zum Mittagessen getrunken. Kaffee (*kávé, presszókávé*) gibt es in Ungarn
beinahe überall, er wird in merkwürdigen dickwandigen Gläsern gereicht und
entspricht geschmacklich etwa einem schlechten Espresso. Von den einheimischen Spirituosen sollte man unbedingt den Aprikosengeist (*barack pálin-*

ka) probieren. Einige weitere Vokabeln: *víz* = Wasser, *tej* = Milch, *tea* = Tee, *pezsgő* = Sekt, *üditőital* = Erfrischungsgetränk.
→*Literatur, Restaurants*

Esztergom (N-Ungarn, Transdanubisches Mittelgebirge)

Die Kleinstadt Esztergom (31 000 Einw.) liegt nahe am Durchbruch der Donau durch die Mittelgebirgskette Nordungarns. Bis etwa 10 km östlich der Stadt bildet der Fluß noch die ungarisch-tschechoslowakische Grenze, dann biegt er nach Süden ganz auf ungarisches Territorium ab („Donauknie"). Esztergom ist reich an Zeugnissen einer großen Vergangenheit, es ist bis heute Zentrum der katholischen Kirche Ungarns. Die touristische Infrastruktur hat sich in den letzten Jahren spürbar entwickelt. Auf einem geräumten Gelände der Sowjetarmee am Stadtrand entsteht zur Zeit eine Autofabrik des japanischen Herstellers Suzuki.

Esztergom / **Geschichte**

Die ersten Siedler in der Umgebung waren Kelten im 4. Jahrhundert v. Chr.; im 2. Jahrhundert kamen die Römer und gründeten ein Kastell namens Salva Mansio. Unter den Ungarn (Árpáden) gewann Esztergom rasch an Bedeutung: im Jahre 1000 ließ sich István I. hier zum König krönen und machte die Stadt zur Residenz. Im Jahre 1001 wurde sie bereits Erzbischofssitz. Erst der Mongoleneinfall 1241 machte der Blütezeit ein Ende, und als Hauptstadt fungierte fortan Buda. Im 15. und 16. Jahrhundert hielten sich zahlreiche Gelehrte und Künstler in dem Ort auf und waren mitverantwortlich für einen neuen Aufschwung, der bis zur Besetzung durch die Türken (1543-1683) anhielt. Seit dem 18. Jahrhundert ist Esztergom wieder ein Kulturzentrum Ungarns, das allerdings auf den ersten Eindruck ziemlich provinziell wirkt. — Ehemaliger deutschsprachiger Ortsname: Gran.

Esztergom / **Sehenswürdigkeiten**

Weithin beherrschender Punkt im Ortsbild oder vielmehr in der ganzen Umgebung ist der Burgberg, auf dem die Kathedrale steht. Die unterhalb gelegenen Wohnhäuser ducken sich geradezu vor dem riesenhaften Gebäude. Diese *Kathedrale* ist die größte in ganz Ungarn: 118 m lang und knapp 72 m hoch, Fassungsvermögen 8000 Personen. 1822 begann man mit dem Bau, Einweihung war 1856, aber bis zur endgültigen Fertigstellung dauerte es noch weitere dreizehn Jahre. Sehr sehenswert ist die Schatzkammer und die in die Kathedrale integrierte Bakócz-Kapelle von 1507. In der Krypta stößt man auf Reste der einstigen St.-Adalbert-Kathedrale, die vom 11. Jahrhundert bis zu ihrer Zerstörung durch die Türken an der Stelle der heutigen Kathedrale gestanden hatte. Von der Terrasse an der Rückseite des Gebäudes hat man einen guten Ausblick auf das tschechoslowakische Ufer; man erkennt auch die beiden Brückenköpfe der im Zweiten Weltkrieg zerstörten Straßenbrücke. Ebenfalls am Burgberg, südlich unterhalb der Kathedrale, sind die Ruinen des *königlichen Palastes* (12./13. Jahrhundert) zu besichtigen. In der sogenannten *Wasserstadt (Víziváros)* zwischen Burgberg und Donauufer ist das *Christliche Museum* in der Berényi Zs. utca 2 einen Besuch wert (Gemäldegalerie). Wenn man am benachbarten 19-es Hősök tere (Platz der Helden von 1919) leicht bergab geht, überquert man nach einigen Metern auf der Kossuth híd (Kossuth-Brücke) einen schmalen Donauarm, der für Wassersportzwecke genutzt wird. Man steht nun auf einer Insel: rechts liegt in geringer Entfernung der ungarische Brückenkopf der zerstörten Brücke und eine Fährenanlegestelle, rechts kann man über die Bottyán híd oder die Béke híd wieder in den Ort gehen. Rund um den Széchenyi tér gibt es eine größere Zahl von Häusern, die unter Denkmalschutz stehen: das größte davon ist das *Rathaus*. Weiterhin kann man zwei Museen besuchen: das *Balassi-Bálint-Museum* zur Stadt-

Obst und Gemüse werden auf den Märkten in reichhaltiger Auswahl angeboten

geschichte (Bajcsy-Zsilinszky út 28) und das *Museum für Wasserwirtschaft* (Kölcsey F. utca).

Esztergom / **Umgebung**

Zu den meistbesuchten Sehenswürdigkeiten am ,,Donauknie'' gehört das historische Städtchen **Visegrád** (3000 Einw.): Nahe der Schiffsanlegestelle kann man den Salomonturm besteigen, der um 1250 als befestigter Wohnturm mit fünf Stockwerken errichtet wurde. Etwas oberhalb sind dann die freigelegten und teilweise restaurierten Baulichkeiten des Palastes von König Mátyás (15. Jahrhundert) zu bestaunen; die gesamte Anlage maß einst 300 m x 600 m. In der Főutca 41 gibt es ein dazugehöriges Museum (geöffnet Mai bis November außer montags). In derselben Straße der unter Karl Robert von Anjou 1308 begonnene und erst 1484 vollendete Sommerpalast, den der damalige päpstliche Nuntius als ,,Paradies auf Erden'' bezeichnete. Die Türkenzeit (1543-1686), später dann die Nutzung der Palastbausteine zum Häuserbau und etliche Bergrutsche ließen die Pracht untergehen. Erst 1934 war ein Teil der inzwischen vielfach überbauten Anlage wieder freigelegt.

Esztergom / **Praktische Informationen**

Autoservice: Tankstelle an der Straße 11 bzw. 111 nach Dorog.

Bademöglichkeit: Freibad hinter dem Biergarten ,,Platán'' auf der Bajcsy-Zsilinszky út.

Camping: ,,Vadvirág Kemping'' an der Straße 11 nach Visegrád, Tel. 1 22 34, (Kat. I; geöffnet 1.5. bis 30.9.; wenig Schatten; etwa 1 km bis zur Ortsmitte). Günstiger erscheint der Platz ,,Gran Tours'' auf der Donauinsel im Südwesten des Ortes, Tel. 1 13 27; geöffnet 1.5 bis 15.10. (ab Ortsmitte gut ausgeschildert; zu Fuß etwa 15 Minuten zur Kathedrale, die man vom Platz aus sieht; wenig Schatten).

Einkaufen: Neues Kaufhaus ,,Bástya'' am Rákóczi tér; im gleichen Komplex auch andere Geschäfte. Außerdem Lebensmittelgeschäfte im Ort.

Essen und Trinken: Sehr gepflegt und dennoch nicht zu teuer ist das Restaurant im Hotel ,,Esztergom'' (auf der Donauinsel nahe der Fährenanlegestelle). Pizzeria und Bierstube neben dem Kaufhauskomplex am Rákóczi tér; schönes Caféhaus gegenüber (,,Belvárosi kávéház'').

Post: Széchenyi tér 3, Telefonvorwahl 33.

Sportmöglichkeiten: Wassersport auf der Donau. Camping ,,Gran Tours'' verfügt über Tennisplätze. Wanderungen in den Bergen beiderseits der Donau (Börzsöny und Piliser Berge).

Touristeninformation: Komtourist (Fremdenverkehrsamt), 2500 Esztergom, Széchenyi tér 13, Tel. 4 84; außerdem Pavillon an der Kathedrale. — IBUSZ, Mártírok utca 1, Tel. 1 00. — Express-Jugendreisebüro, Széchenyi tér 7.
Unterkunft: Hotel ,,Fürdő'', Bajcsy-Zsilinszky utca 14, Tel. 147 (Kat. B; Schwimmbad vorhanden). Hotel ,,Volán'' József Attila tér 2, Tel. 271 (Kat. C). Hotel ,,Esztergom'', an der Fährenanlegestelle (modern, gepflegt; Kat. B).
Verkehrsverbindungen: 45 bis 65 Straßen-km von Budapest je nach Strecke. — Bahnhof im Süden der Stadt: Züge über Dorog in Richtung Budapest und Győr. — Busstation am Rákóczi tér. — Autofähre nach Štúrovo / ČSFR bislang nicht für Ausländer bzw. Touristen; nächster Grenzübergang in Komárom (52 km westlich). Fähre von Visegrád nach Nagymaros (andere Donauseite →*Vác/Umgebung*). Passagierschiffe nach Budapest (Fahrzeit knapp 5 Stunden), im Sommer auch Tragflügelboote. — Wer mit dem Auto auf kürzestem Wege nach Budapest oder Szentendre fährt, kann im Piliser Gebirge einen kurzen Abstecher zum 699 m hohen Aussichtsberg Dobogókő machen.

Feiertage und Feste

Offizielle Feiertage (arbeitsfrei) sind: 1. Januar (Neujahr), 15. März (neuer Nationalfeiertag), 4. April (Tag der Befreiung), Ostermontag, 1.Mai (Tag der Arbeit), 20. August (Tag der Verfassung), 23. Oktober (Feiertag für die Revolution von 1956), 25. und 26. Dezember (Weihnachten).

Unter den vielen regelmäßigen Veranstaltungen und Festspielen im Lande hier nur einige besonders sehenswerte:

— *Balatonfüred*, im Juli: Anna-Ball,

— *Győr*, im Juli: Győrer Sommer,

— *Gyula*, im Juli/August: Burgfestspiele,

— *Hortobágy*, im Juli: internat. Reitertage, im August: Brückenmarkt,

— *Mohács*, im Februar: Busójárás (karnevalistischer Umzug),

— *Pécs*, im Juli/August: Sommertheater,

— *Sopron*, im Juni/Juli: Festwochen,

— *Szeged*, im Juli/August: Freilichtspiele,

— *Szombathely*, etwa September: Savaria-Festspiele,

— *Budapest*: über die Vielzahl laufender Veranstaltungen und Ausstellungen kann man sich jeweils in der Wochenzeitung ,,Budapester Rundschau'' unter der Rubrik ,,Ungarische Woche'' informieren.

Ferienwohnungen →*Unterkunft*

FKK

Offizielle FKK-Anlagen existierten bis in die jüngste Vergangenheit überhaupt nicht. Inzwischen ist jedoch am Balaton ein Anfang gemacht worden: in Balatonberény (Südwestecke des Sees) ist ein FKK-Zeltplatz ausgeschildert. Nähere Informationen über: Magyar Naturisták Egyesülete, Kárpát utca 8, H-1156 Budapest XIII.

Flugverbindungen →*Anreise*

Folklore

Außer der (touristisch aufbereiteten) Zigeunermusik hat man in Ungarn Gelegenheit, vielerlei Volkslieder und auch moderne Schlager in der Landessprache zu hören, deren Inhalte einem freilich unverständlich bleiben werden. In dem Heimatland so vieler berühmter Musiker und Komponisten wie Ferenc Liszt, Béla Bartók, Zoltán Kodály gibt es zu jeder Jahreszeit musikalische Veranstaltungen.

Einen Überblick über Trachten, bemalte Keramik, Schmuckgegenstände und anderes Folkloristisches kann man sich in den Volkskunstläden *(népművészeti bolt)* verschaffen, in Budapest auf der Váci utca 14 *(→Einkaufen)*. Im Alltag sind Trachten weitgehend verschwunden, außer in einigen Gemeinden Nordungarns.

→*Feiertage und Feste,* →*Literatur*

Fotografieren

Man darf praktisch alles fotografieren außer den sogenannten ,,militärischen Objekten'', wozu auch Grenzanlagen und Fabriken zählen können. An solchen Stellen sind im übrigen meist Verbotsschilder mit einem durchkreuzten Fotoapparat oder dem Hinweis ,,*fényképezni tilos*'' (Fotografieren verboten) zu sehen, die man unbedingt beachten sollte. Ansonsten wird man bei Aufnahmen in Ungarn kaum jemals Probleme bekommen oder gar Ärger mit der Polizei. Das Land bietet massenhaft Fotomotive, und es ist beruhigender, wenn man mehr Filmmaterial dabei hat als eigentlich geplant. Zwar hat der ungarische Fotohandel ,,Ofotért'' in fast allen Städten gutsortierte Filialen, die in der Regel auch Kodak-, Agfa- oder Fuji-Colornegativfilme zu akzeptablen Preisen führen. Wer aber Diafilme benutzt, muß zur Zeit noch meist auf ungarische ,,Forte'' Filme zurückgreifen; auch chinesische werden vielfach verkauft (bei beiden gibt es Entwicklungsprobleme daheim, außerdem läßt die Farbtreue zu wünschen übrig). Video-Leercassetten westlicher Produktion und Super-8-Filme sind vielerorts erhältlich. Im großen und ganzen ist das Angebot an

Fotomaterial zufriedenstellend, wesentlich besser als in anderen Staaten Osteuropas. Die beste Auswahl hat man in Budapest, dort besonders in der Váci utca, wo es auch 2-Stunden-Entwicklungsdienste gibt.

Führerschein →*Dokumente*

Geld

Die Landeswährung ist der Forint, unterteilt in 100 Fillér (1 Ft. = 100 f.), international ,,HUF'' abgekürzt. Der Wechselkurs wird von der Ungarischen Nationalbank festgelegt und liegt derzeit bei 1 DM = 42 Ft. (Mitte 1991). Die jährliche Inflationsrate betrug 1988 etwa 15 % und 1991 gut 32 %. Ein- und Ausfuhr von Landeswährung ist nur bis zu Beträgen von 100 Ft. gestattet.

Offiziell ist man verpflichtet, jeden Geldumtausch in den dafür ausgewiesenen Stellen (Reisebüros, Hotel- und Campingrezeptionen, Postämter, Banken) vorzunehmen. Wer beim ,,Schwarztauschen'' erwischt wird, muß mit empfindlichen Strafen rechnen. Dazu kommt, daß es auch dubiose Wechsler gibt, die einen täuschen. Auf Campingplätzen wird man oft von Touristen aus Polen

Sieht man noch oft in Ungarn: Storchennester

und anderen osteuropäischen Ländern wegen „Change" angesprochen, dies in der Regel aber ohne Täuschungsabsichten.

Günstiger als der Eintausch von *Bargeld* ist das Ausstellen von *Euroschecks* (Höchstbetrag pro Scheck derzeit 10 000 Ft.). Ganz besonders interessant ist die seit 1983 mögliche Bargeldbeschaffung per *Postsparbuch* in den meisten Postämtern Ungarns: es werden jeweils 100 DM oder Vielfache davon in Forint ausgezahlt. Die Vorteile: diebstahlsicher, minimaler Gebührenabzug (20 Ft.), Verzinsung bis zum Auszahlungstag. Auch *Kreditkarten* werden in vielen der oben genannten Einrichtungen akzeptiert, ebenso *Reiseschecks*. In jedem Falle sollte man die Wechselquittungen bis zum Verlassen Ungarns aufbewahren. Nur damit kann man eventuell überschüssige Forint-Beträge in westliche Währung zurücktauschen. Es werden jedoch höchstens 50 % der nachweislich eingewechselten Summe zurückgetauscht und auch das nur bis zum Gegenwert von 100 US-Dollar. Beim Verlust von Reiseschecks wende man sich zwecks Annullierung an: *Magyar Nemzeti Bank — Központi Devizapénztár*, Szabadság tér 8, Budapest V, Tel. 53 26 00 und 12 32 23.

Es ist ratsam, möglichst auch eine gewisse Summe Devisen in bar mitzunehmen. Visumkosten und eventuell Dieselcoupons an der Grenze kann man kaum mit Euroschecks bezahlen. Manche Geschäfte und Campingplätze geben einen Rabatt bei Zahlungen in Devisen.

Ungarn ist (neben der Türkei und Jugoslawien) eines der preiswertesten Urlaubsländer Europas, auch wenn es nur allzu oft in den Kaufkraftstatistiken weggelassen wird. Allerdings muß man sich in Anbetracht der ungarischen Niedrigpreise immer wieder vor Augen halten, daß die Kaufkraft der Einheimischen sehr gering ist. Ein Durchschnittsverdiener kommt auf etwa 270 DM monatlich, ein Arbeitsloser auf etwa 12 DM. So darf es nicht wundern, wenn es inzwischen viele Obdachlose gibt. Zweitjobs nach Feierabend sind ebenfalls für viele Leute eine Notwendigkeit. Offiziell lebt fast ein Drittel aller Ungarn an der Armutsgrenze oder gar darunter. Die Wirtschaftreformen haben bislang wenige sehr reich und viele sehr arm gemacht. Der SPIEGEL schrieb im Mai 1991 sehr treffend, daß ein Porsche in Budapest für umgerechnet 70 durchschnittliche Jahresgehälter im Laden steht!

Geographie

Die Republik Ungarn (in der Landessprache *Magyar Köztársaság*) ist ein mitteleuropäisches Binnenland mit einer Größe von 93 032 qkm. Die Nord-Süd-Ausdehnung beträgt rund 268 km, die West-Ost-Ausdehnung 528 km. Gemeinsame Landesgrenzen bestehen mit Österreich, der Tschechoslowakei, der Sowjetunion, Rumänien und Jugoslawien. Das Land besteht zu etwa drei Vierteln aus Flachland unter 200 m ü.M. (Pannonische Ebene), eingebettet in den Karpatenbogen, der sich halbkreisförmig um den Osten des Landes zieht. Die höchste Erhebung, der Kékes-tető im Mátra-Gebirge, erreicht nur 1015 m ü.M. Man kann Ungarn in **sechs Landschaftsräume** gliedern:

1) *Große Tiefebene (Alföld):* die Landesmitte, der äußerste Süden und der ganze Südosten, insgesamt rund die Hälfte des Staatsgebietes. Landschaftsbild eintönig und endlos flach, teilweise fast steppenartig, dennoch von eigenartigem Reiz (→*Puszta*). Überwiegend Einzelhofsiedlungen und bäuerlich wirkende Kleinstädte (,,Stadtdörfer''). Der äußerste Osten ist die ärmste Region Ungarns.

2) *Kleine Tiefebene (Kisalföld):* der äußerste Nordwesten zwischen Sopron/Neusiedler See und Tata, bis fast an die Westspitze des Balaton. Seit alters her eine sehr fruchtbare Gegend. Viele Straßendörfer; relativ wohlhabende Region.

3) *Transdanubisches Mittelgebirge (Dunántúli-középhegység):* riegelt die Kleine Tiefebene (2) von der Großen Tiefebene (1) ab und bildet zugleich das Nordufer des Balaton: vom Bakony-Wald bis zu den Budaer Bergen (=Westteil der Stadt Budapest) und Visegráder Bergen am ,,Donauknie''. Höhen zwischen 400 und 750 m ü.M.; Waldgebiete mit vereinzelten Tropfsteinhöhlen und zahlreichen Burgruinen. Bedeutende Bergbaustandorte.

4) *Transdanubisches Hügelland (Dunántúli-dombság):* der Südwesten des Landes, von Zalaegerszeg bis fast an die Donau bei Mohács; Südufer des Balaton. Das Zala- und Somogy-Hügelland mit Höhen von 150 bis 200 m ü.M. geht im Raum Pécs in das bis zu 682 m hohe Mecsek-Gebirge über. Schöne und abwechslungsreiche Landschaften, zum Teil Wälder. Uran- und Steinkohlevorkommen. Viele kleine Straßendörfer; südöstlich von Pécs (bis in die Große Tiefebene hinein) ist das Hauptsiedlungsgebiet der deutschen Minderheit. Hier findet man mehrsprachige Ortsschilder.

5) *Alpenvorland (Alpokalja):* unvermutet reichen die Ostalpen noch mit ihren letzten Ausläufern nach Ungarn hinein, die Höhen reichen indessen kaum über 550 m ü.M., lediglich der österreichisch-ungarische Grenzberg Írottkő bei Kőszeg ist 883 m hoch. Das Landschaftsbild ist überwiegend leicht hügelig und von kleinen Bächen durchzogen. Eine gut entwickelte Region mit einigen historischen Städten (→*Szombathely*, →*Sopron*, →*Kőszeg*). Gute Kontakte zum Burgenland/Österreich.

6) *Nordungarisches Mittelgebirge (Északmagyarországi-középhegység):* erstreckt sich als Fortsetzung des Transdanubischen Mittelgebirges (3) vom Donauknie entlang der tschechoslowakischen Grenze bis in den äußersten Nordosten des Landes. Genaugenommen handelt es sich um eine Aneinanderreihung einzelner Gebirgszüge (darunter Mátra-, Bükk- und Zempléner Gebirge

sowie der Karst von Aggtelek mit bedeutenden Tropfsteinhöhlen. Unter den
etwa 400 bis 900 m hohen Erhebungen ragt der Kékes-tető als höchster Berg
des Landes (1015 m ü.M.) auf. Die Region entspricht überhaupt nicht dem
verbreiteten Ungarn-Klischee: es gibt hier Berge, dichte Wälder, kleine Seen,
Höhlen. In dieser entlegenen Gegend ohne Durchgangsverkehr gibt es wun-
derschöne Landschaften. Man glaubt kaum, daß gerade hier das älteste und
bis heute sehr bedeutende Industrierevier Ungarns angesiedelt ist (Miskolc-
Diósgyőr, Kazincbarcika, Ózd im Becken des Sajó-Flusses). Daneben gibt es
aber auch Luftkurorte. An den Südhängen und vor allem am Südrand des
Mittelgebirges herrschen ideale Weinbaubedingungen (Tokaj).

Die Hauptstadt *Budapest* hat eine interessante Lage am Berührungspunkt drei-
er Landschaftsregionen: im Westen (Buda) reicht das Transdanubische Mittelgebirge ins Stadtgebiet hinein, im Osten (Pest) sind es die Ausläufer des
Nordungarischen Mittelgebirges, und im Süden und Südosten (Pest und
Csepel-Insel) dehnt sich die Stadt weit in die Große Tiefebene hinein.

Das *Gewässernetz* ist relativ weitmaschig. Die Donau (Duna) fließt auf 420
km durch Ungarn (teils als Grenze zur Tschechoslowakei) und teilt das Land
mitsamt seiner Hauptstadt in zwei Hälften. Die o.g. Bezeichnung Transdanu-
bien, also das Land „jenseits der Donau", stammt aus der Zeit der Landnahme *(→Geschichte),* als das mächtige Hindernis der Donau (lat.: Danubius)
von Osten her überschritten wurde — aus heutiger westlicher Sicht wäre es
das „diesseitige Land". Der zweitgrößte Fluß, die Theiß (Tisza), durchzieht
träge und sich schlängelnd auf 579 km die Große Tiefebene. Weitere nennenswerte Flüsse sind: Dráva, Rába und Sió im Westen; Berettyó und Körös
im Südosten; Sajó, Bodrog und Hernád im Nordosten. Manche Flüsse sind
wegen Überschwemmungsgefahr von Schutzdämmen gesäumt. Der größte
See Ungarns und zugleich ganz Mitteleuropas ist der *→Balaton* (auch Plattensee genannt) mit einer Fläche von 596 qkm. Es folgen der Velence-See
mit 27 qkm und ein kleiner verschilfter Teil des Neusiedler Sees (Fertő-tó) im
Grenzgebiet zu Österreich.

Erwähnenswert ist auch ein Erdbeben der Stärke 4,5 (Richter-Skala), das sich
am 27.1.1989 in Westungarn (Grenze der Bezirke Vas und Zala) ereignete: im
Dorf Bérbaltavár stürzten immerhin mehrere Gebäude völlig ein.

→Bevölkerung; Bezirke; Wirtschaft

Geschichte

In den Mittelgebirgen Nordungarns gab es bereits vor 30 000 Jahren (Altstein-
zeit) Siedlungen. Im Jahre 10 n.Chr. wurden die Gebiete westlich der Donau
zur römischen Provinz Pannonia, die bis zur Völkerwanderungszeit (Ende des

4. Jahrhunderts) bestand. Um 275 gelangten die Hunnen unter ihrem Führer **Attila** in die Theiß-Ebene. In der Folgezeit kam es zu Eroberungen durch die Gepiden, Ostgoten und Awaren; letztere wurden 796 von Karl dem Großen besiegt. 896 drangen sieben madjarische Stämme aus dem Ural unter Führung ihres Fürsten **Árpád** in das heutige Ungarn ein (,,Landnahme''), wurden seßhaft und besiedelten allmählich den gesamten Karpatenbogen. **István I.** (**Stephan I. der Heilige**) ließ sich im Jahre 1001 von Papst Silvester II. zum König krönen; damit begann auch die Christianisierung Ungarns: die Bistümer Esztergom, Győr, Veszprém, Pécs, Kalocsa und Vác wurden gegründet. Das Territorium des Königreiches wurde durch erfolgreiche Feldzüge und eine berechnende Heiratspolitik noch erheblich ausgeweitet: die Slowakei und Kroatien (in Personalunion) kamen im 11. Jahrhundert zum Ungarischen Reich hinzu. Im 12./13. Jahrhundert fielen auch Bosnien und Dalmatien an Ungarn, **Béla III.** rief französische Mönche ins Land und besiedelte Siebenbürgen teilweise mit Sachsen, die ab 1224 weitreichende Autonomie erhielten. 1241/42 brachen Mongolen nach Ungarn ein und verwüsteten beinahe das ganze Land. Nach ihrem Rückzug begann **Béla IV.** sofort mit dem Wiederaufbau und ließ

Das geologische Institut in Budapest mit schwer-wiegender Symbolik auf dem Dach

eine Vielzahl von Burgen errichten (,,Zweiter Gründer Ungarns''). Als **András III.** im Jahre 1301 starb, erlosch die Árpáden-Dynastie. Nach Thronstreitigkeiten kam mit **Karl Robert von Anjou** (1308-1342) der erste von vielen ausländischen Herrschern auf den ungarischen Thron. Sein Nachfolger **Nagy Lajos** (**Ludwig der Große**) setzte sich gegen Widerstände des Adels durch und machte abermals große Gebietsgewinne: weite Teile der Balkanhalbinsel und Polen (in Personalunion). Auch die erste Universität des Landes (in Pécs) geht auf ihn zurück. **Zsigmond** (**Sigismund**; 1387-1437) kümmerte sich wenig um Ungarn, überließ wieder dem Adel die innere Macht und wurde unterdessen König von Böhmen, später auch deutscher Kaiser. Allmählich gewann nun das Osmanische Reich Einfluß in Südosteuropa; 1444 mußte das ungarische Kreuzzugsheer bei Varna eine empfindliche Niederlage hinnehmen; 1456 gelang dem tüchtigen Feldherrn und Reichsverweser **János Hunyadi** jedoch ein glänzender Sieg über die Türken bei Nándorfehérvár (heute Belgrad). Sein Sohn **Mátyás I.** (**Matthias I.**) mit dem Beinamen **Corvinus** wurde 1458 zum König gekrönt. Wissenschaften und Künste erlebten eine Blütezeit; das Reich wuchs erneut: 1468/69 kamen Mähren, Schlesien, später auch größere Teile des heutigen Ostösterreich hinzu. Von 1485 bis zu seinem Tode 1490 regierte Mátyás von Wien aus. Danach zerrann die Macht des Reiches rasch wieder. Den Bauern und Leibeigenen wurden immer größere Lasten auferlegt, die schließlich 1514 zum Bauernaufstand unter **György Dózsa** führten, der jedoch blutig unterdrückt wurde. Den Türken fiel es nicht mehr schwer, sich größere Teile Ungarns anzueignen. In der Schlacht von Mohács 1526 unterlag König **Lajos II.** (**Ludwig II.**) der türkischen Übermacht unter Sultan Süleyman II. Die Habsburger konnten sich mit ihren Erbansprüchen durchsetzen und erhielten Westungarn und zunächst auch die Slowakei; die Türken besetzten Mittelungarn, Kroatien und Serbien (Statthalter in Budapest); im Osten existierte von 1538 bis 1691 das Fürstentum Siebenbürgen. Nach zwei großen ,,Türkenkriegen'' (1663/64 und 1683-99) erhielt Ungarn im Frieden von Karlowitz (heute Sremski Karlovci/Jugoslawien) unter den Habsburgern eine gewisse Freiheit zurück; allerdings entflammten bald auch Unabhängigkeitskämpfe gegen die Habsburger (unter anderem unter **Gábor Bethlen**, **György Rákóczi** und vor allem **Ferenc Rákóczi II.**), die mit einer Niederlage endeten. Im Frieden von Szatmár (1711) wurde die Habsburger-Herrschaft festgeschrieben, wenngleich Ungarn auch eine begrenzte innere Autonomie zugebilligt wurde. Unter **Maria Theresia** (1740-80) und **Joseph II.** (1780-90) kamen zwar einige soziale und politische Reformen zustande, die wirtschaftliche und industrielle Entwicklung Ungarns wurde jedoch absichtlich gehemmt. Die in der Türkenzeit entvölkerten Gebiete wurden neu besiedelt, indem man Bauern aus Süddeutschland ins Land rief (die ,,Donauschwaben'').

Nach der Französischen Revolution (1789) kam es auch in Ungarn zu einem ,,Reformzeitalter'' (1815-48); endlich löste Ungarisch die bisherigen Sprachen Deutsch und Lateinisch ab; bekannte Namen aus dieser Epoche sind **István Széchenyi**, **Lajos Kossuth** und **Sándor Petőfi**. 1849 wurde vorübergehend eine ungarische Nationalversammlung in Debrecen gebildet, und Kossuth rief die Unabhängigkeit Ungarns aus. Den Habsburgern gelang es diesmal mit Hilfe des Zaren, ihre Herrschaft zu behaupten und für einige Jahre Willkür walten zu lassen. Auf Betreiben von **Ferenc Deák** kam es 1867 zum ,,Ausgleich'': die österreichisch-ungarische Doppelmonarchie, nämlich zwei Staaten unter einem Staatsoberhaupt (in Österreich Kaiser, in Ungarn König = k.u.k.) mit gemeinsamer Außenpolitik, kam zustande.

Die so lange ersehnte Selbständigkeit Ungarns ließ noch bis 1918 auf sich warten, als mit dem Ende des Ersten Weltkriegs die Doppelmonarchie zusammenbrach. Die am 16.11.1918 unter **Mihály Károlyi** ausgerufene Republik wurde bereits am 21.3.1919 in die kommunistische Räterepublik unter **Béla Kun** umgewandelt, die sich aber auch nur bis zum 31.7.1919 halten konnte. Im Friedensvertrag von Trianon mußte Ungarn über zwei Drittel seines Territoriums abtreten (unter anderem Siebenbürgen, Slowakei, Burgenland außer der Stadt Sopron, Kroatien, Slawonien). Das Regime des Reichsverwesers **Miklós Horthy**, das nun im kleinen und unterentwickelten Rest-Ungarn herrschte, verfolgte bald einen faschistischen Kurs. Auf Druck Hitlers erklärte Horthy der Sowjetunion am 27.6.1941 den Krieg. Am 19.3.1944 wurde der in arge Bedrängnis geratene Horthy von den Deutschen interniert, so daß die Nazi-treuen ,,Pfeilkreuzler'' unter **Ferenc Szálasi** die Macht an sich reißen konnten. In den letzten Tagen des Jahres 1944 wurde in Debrecen, das von den Russen bereits eingenommen war, eine provisorische Regierung ausgerufen, die einen Waffenstillstand mit der Sowjetunion unterzeichnete und sogleich Deutschland den Krieg erklärte.

Die deutsche Besetzung endete am 4.4.1945. Ungarn, im Frieden von Paris (1947) wieder auf ein Rest-Ungarn mit dem kleinsten Staatsgebiet in seiner Geschichte reduziert, wurde schließlich durch die Verfassung vom 20.8.1949 zur Volksrepublik erklärt. Der Aufbau des Sozialismus beinhaltete unter anderem einschneidende Boden- und Wirtschaftsreformen (Verstaatlichungen, Planwirtschaft). Mit dem 23.10.1956 kam es zu erbitterten Widerständen der Bevölkerung (bewaffneter Aufstand) gegen die stalinistischen Methoden des kommunistischen Diktators **Mátyás Rákosi** in den vorangegangenen Jahren, gegen überhöhte Arbeitsnormen und andere Mißstände. Die ungarische Führung wandte sich an die Sowjetunion, die mit Panzern in Budapest einrückte; sie konnten die Bevölkerung jedoch nicht nachhaltig einschüchtern, sondern wurden heftig attackiert. Die Panzer zogen wieder ab, und für wenige Tage formierte sich ein ganz neues politisches Leben (spontane Parteigründungen und -neubelebungen, Arbeiterräte in den Betrieben, Meinungsvielfalt in der Presse etc.).

Doch schon am 4.11.1956 kamen erneut sowjetische Truppen nach Budapest und schlugen den Aufstand nieder; ein Hilferuf der vom Volk durchgesetzten Regierung unter **Imre Nagy** an die UNO blieb erfolglos. Imre Nagy wurde verhaftet und im Juni 1958 hingerichtet. **János Kádár**, Parteichef in den Tagen des Aufstandes, wandelte sich unter merkwürdigen Umständen vom Befürworter zum Gegner bzw. Verräter. Die Sowjetunion setzte ihn nach der Niederschlagung der sogenannten ,,Konterrevolution'' (wie der Aufstand dort interpretiert wurde) als neuen Ministerpräsidenten ein, der bald die Errungenschaften des Volksaufstandes rückgängig machte und zahlreiche Akteure der 56er-Bewegung liquidierte. In den 60er Jahren begann Kádár dann mit einer Aussöhnungspolitik nach dem Motto ,,Wer nicht gegen uns ist, ist für uns'', wobei er aber (vor allem in der Außenpolitik) stets auf Moskauer Linie blieb. Das Angebot an Konsumgütern wurde so sehr verbessert, daß der ungarische Sozialismus immer wieder als ,,Gulaschkommunismus'' bezeichnet wurde. Gegen Ende der 1980er Jahre begann in Ungarn eine völlig neue politische Ära (→ *Politik*).

Geschwindigkeitsbeschränkungen

Soweit nichts anderes ausgeschildert ist, gilt innerhalb von Ortschaften für PKW 60 km/h, auf Landstraßen 80 km/h, auf vierspurigen Kraftfahrstraßen und den halbseitig fertiggestellten Autobahnabschnitten 100 km/h und auf fertigen Autobahnen 120 km/h. Wohnwagengespanne und Motorräder dürfen innerorts nur 50 km/h, auf Landstraßen 70 km/h und auf der Autobahn 80 km/h fahren. Wohnmobile bis 3,5 t zulässiges Gesamtgewicht sind dabei wie PKW eingestuft, über 3,5 t wie Wohnwagengespanne.

Viele der gut ausgebauten und oft schnurgeraden Landstraßen verleiten zu schnellerer Fahrweise. Doch Vorsicht vor Radarkontrollen! Eine ungarische Besonderheit sind die vielen extrem langgezogenen Straßendörfer, die man im Verlauf der Landstraßen durchfährt; das Ortsende-Schild, an dem die Geschwindigkeitsbeschränkung endet, läßt da oft lange auf sich warten!

Getränke → *Essen und Trinken*

Győr (NW-Ungarn, Kleine Tiefebene)

Die Hauptstadt des Bezirkes Győr-Sopron liegt ziemlich genau in der Mitte zwischen Wien und Budapest an der Europastraße E5 / E15. Sie ist Oberzentrum der Kleinen Tiefebene, wichtiger Verkehrsknotenpunkt und eine der bedeutendsten Industriestädte Ungarns (unter anderem Waggon- und LKW-Werk „Rába") mit rund 130 000 Einwohnern. Als „Stadt der vier Flüsse" (Rába, Rábca, Marcal, Donau bzw. Nebenarm Mosoni-Duna) mit großem historischen Stadtkern hat Győr einen besonderen Charme, der dem Durchreisenden verschlossen bleibt, der zwischen modernen Zweckbauten auf der Europastraße das Stadtzentrum tangiert. Deshalb: von Wien kommend in der Stadt unbedingt einmal nach links abbiegen und parken — und sei es nur für eine oder zwei Stunden!

Győr / **Geschichte**

Die Stadt ist eine der ältesten von ganz Ungarn. Bereits im 5. Jahrhundert v. Chr. existierte eine keltische Siedlung. Später bauten die Römer den strategisch günstigen Ort zur Grenzfestung Arrabona aus. Der erste ungarische König, István I., errichtete im Jahre 1009 hier ein Bistum. 1242 kam es im Mongolensturm zu schlimmen Verwüstungen. Nach dem Sieg der Türken in der Schlacht von Mohács (1526) bildete die mittelalterliche Győrer Burg lange Zeit ein Bollwerk zum Schutz Wiens. Dennoch kam es, durch Verrat, zu einer kurzen türkischen Besetzung (1594-98). Seit dem 18. Jahrhundert nahm die Bedeutung der Stadt rasch zu (Donauhafen, Eisenbahnbau); der einstige Reichtum ist den Häusern der Altstadt noch gut anzusehen. Im Jahre 1809 griff Napoleon I. ein und schlug hier den letzten ungarischen Adelsaufstand nieder. — Ehemaliger deutschsprachiger Ortsname: Raab.

Győr / **Sehenswürdigkeiten**

Überall in der Altstadt von Győr stößt man auf Tafeln mit der Aufschrift „műemlék" (Denkmal); es sind über 170 registrierte Baudenkmäler, überwiegend aus dem 16. bis 18. Jahrhundert, die sich hier in den Gassen unterhalb des *Domkapitelhügels* (*Káptalan domb*) und der *Kathedrale* aneinanderreihen. Seit Jahren werden Gebäude restauriert und einzelne Baulücken behutsam geschlossen. Wie überall in Ungarn sind die Fassaden älterer Häuser farbig, zumeist dunkelgelb oder altrosa; selbst bei besonders gründlicher Renovierung wirkt kein Straßenzug steril. Einen Rundgang durch Győr beginnt man vielleicht am Széchenyi tér, dem Hauptplatz der Innenstadt (Belváros), wo die zweitürmige *Benediktinerkirche* (1635-41) wie ein Reihenhaus in der Häuserzeile steht. Das Eckhaus daneben beherbergt ein interessantes *Apotheken-*

museum. Gegenüber der Kirche, auf der Nordseite des Platzes, findet man das *Xantus-János-Museum* (Haus Nr. 5) mit ortsgeschichtlichem und ethnographischem Material. Durch die Stelczer L. utca gelangt man geradewegs zum Duna-kapu tér (Donautorplatz), wo vormittags Markt abgehalten wird. Von hier aus führt eine Brücke über den Donauarm (Mosoni-Duna). Links davon der schon genannte Domkapitelhügel: an dem klotzigen Gebäude eines Priesterseminars vorbei kommt man an die Rückseite der *Bischofsburg* (*Püspökvár*), die in einem Garten oberhalb der Einmündung der Rába in den Donauarm steht. Links, auf dem Martinovics tér, die *Kathedrale*, begonnen im 11. Jahrhundert unter István I., später in vielerlei Baustilen fortgesetzt (beachtliche Schatzkammer!). Nun wieder leicht bergab erreicht man den Köztársaság tér (Platz der Republik) mit der gelben Karmeliterkirche. Von hier aus führt die Rába-kettős-híd (zweifache Rába-Brücke) über eine schöne Flußinsel hinweg in den westlichsten Stadtteil mit stillen Straßen und eher provinziellem Charakter. Durch die Alkotmány utca oder eine der parallelen Gassen kommt man zurück zum Széchenyi tér.

Győr / Umgebung
18 km südöstlich auf einem Hügel liegt die Benediktinerabtei **Pannonhalma**, die bereits im Jahre 966 von Fürst Géza gegründet wurde; das heutige Gebäude stammt zum größten Teil aus dem 12./13. Jahrhundert. In **Bábolna**, 28 km östlich, liegt ein weltberühmtes Gestüt von 1789.

Győr / Praktische Informationen
Ärztliche Versorgung: Im Bereich der Altstadt findet man *Apotheken* in der Czuczor G. utca und am Széchenyi tér. — *Krankenhaus* an der Magyar utca, Bezirkskrankenhaus an der Zrinyi utca (beide im Stadtteil Nádorváros jenseits der Bahnlinie, die man auf einer Brücke neben dem Bahnhof überquert).
Autoservice: Autoclub MAK an der Tanácsköztársaság útja (Durchgangsstraße 1, gegenüber der großen Grünanlage). — Mehrere Tankstellen an der Durchgangsstraße, auch mit Nachtdienst; bleifreies Benzin gibt es an der ÁFOR-Tankstelle an der Tompa utca (östliches Ortsende); dort auch Werkstätten (in der Wilhelm Pieck utca und der Vas Gereben utca).
Bademöglichkeiten: Freibad und Thermalbad auf der Landzunge am Zusammenfluß von Rába und Donauarm (im Altstadtbereich).
Banken: Nationalbank (*Nemzeti Bank*) und Landessparkasse (*Országos Takarékpénztár*) an der Czuczor G. utca.
Camping: Campingplatz ,,Kiskút-liget'', Tel. 1 89 86 (Kat. I; geöffnet 15.4. bis 15.10.; ordentlicher und ruhig gelegener Platz am östlichen Stadtrand; gut erreichbar von der Durchgangsstraße, am Stadion in die Ipar utca einbiegen

und dann links die Nagy Sándor J. utca bis zum Ende; zu Fuß in die Stadt etwa 15 Minuten). — Wer am Grenzübergang Hegyeshalom (Strecke Wien — Budapest) ein- oder ausreist, wird vielleicht den Campingplatz in Moson-magyaróvár bevorzugen (dort am Ufer des Donauarms, Gabona rakpart 6, Tel. 1 58 83; Kat. I; geöffnet 1.5. bis 15.10.; gut ausgestattet, Freibad ca. 400 m entfernt).

Einkaufen: Im Bereich der Altstadt gibt es Geschäfte aller Art; wichtige Geschäftsstraße ist die Lenin út (Fußgängerzone). In der Arany János utca 16 gibt es ein gutsortiertes Warenhaus mit großer Lebensmittelabteilung; wenige Häuser weiter führt ein Durchgang zur Lenin út 18 (im Innenhof einige moderne Geschäfte, z.B. Boutiquen, Buchladen, Caféhaus, Weinkeller). Vormittags bunter Wochenmarkt auf dem Duna-kapu tér.

Essen und Trinken: Unscheinbar aber sehr empfehlenswert ist das ,,Rába-parti Étterem'' in der Fürst Sándor utca 15 (am Rába-Ufer). In der Fußgängerzone ist das ,,Hungária'' gut (Lenin út 23); fünf Häuser weiter das SB-Restaurant ,,Korzó'' (Lenin út 13). Eine neueröffnete Pizzeria ,,Piccolo'' gibt es in der Arany János utca 13. Außerdem Straßencafés in der Lenin út sowie Weinstube in der Alkotmány utca 9. An der Autobahn nach Budapest einige schöne Rasthöfe. Am Abzweig Richtung Csorna ein originelles Flugzeug-Restaurant!

Polizei: Hunyadi utca (über die Lenin-Brücke neben dem Bahnhof, dann links).

Post: Im Bahnhofsgebäude und in der Bajcsy-Zsilinszky utca, Telefonvorwahl 96.

Touristeninformation: Ciklámen Tourist (Fremdenverkehrsamt), 9021 Győr, Aradi vértanúk útja 22, Tel. 1 15 57; Zweigstelle Árpád út 32. — IBUSZ, Tanácsköztársaság útja 29-31, Tel. 1 17 00 und 1 42 24. — Express-Jugendreisebüro, Bajcsy-Zsilinszky utca 41, Tel. 1 88 53. — Informationstafel auf dem Széchenyi tér.

Unterhaltung/Nachtleben: Wie in den meisten ungarischen Städten sind auch hier die Straßen nach 22 Uhr ziemlich still; aber gerade in Győr ist ein spätabendlicher Gang durch die schwach beleuchteten Gassen reizvoll, selbst wenn man eine Weile suchen muß, um noch ein offenes Lokal zu finden. Einen sehr guten Ruf hat übrigens das Kisfaludy-Theater in der Czuczor G. utca 17 (Programmhinweise dort!).

Unterkunft: Relativ teuer ist das Hotel ,,Rába'' in der Árpád út 34, Tel. 1 55 33 (Kat. A). Eine günstige Übernachtungsmöglichkeit bietet der Gasthof/Motel am Campingplatz und auch die Pension ,,Kis Rózsa'' in der Tessedik S. utca 27 (im Südwesten der Stadt). Ein Jugendhotel gibt es in der Lenin út 51, Tel. 2 26 34. Während der Semesterferien stehen auch Unterkünfte in einigen Studentenwohnheimen zur Verfügung.

Verkehrsverbindungen: 126 Straßen-km von Budapest, 122 von Wien. — Großer Bahnhof an der Tanácsköztársaság útja (Durchgangsstraße 1) hinter dem Rathaus: täglich mehrere Züge nach Budapest, Sopron, Szombathely und weitere Orte, Fernzüge nach Westeuropa über Wien. — Neuer großer Bushof an der Bahnhofrückseite; einige Buslinien halten auch vor dem Bahnhof. Győr hat keinen eigenen Verkehrsbetrieb, die VOLÁN-Busse bedienen den Stadtverkehr und fahren in alle größeren Orte der Region sowie zum Balaton. — Bis zur geplanten Weltausstellung 1995 (Wien/Budapest) werden die Bauarbeiten an der Autobahn Wien — Győr — Budapest verstärkt fortgesetzt (z. Zt. nur halbseitig zwischen Győr und Budapest fertig).

Gyula (S-Ungarn, Große Tiefebene)

Nur einen Steinwurf von der rumänischen Grenze entfernt liegt die Kleinstadt Gyula (35 000 Einw.), heute ein Zentrum der ungarischen Lebensmittelindustrie. Am östlichen Ortsrand fließt die Fehér-Körös vorbei, die unter dem rumänischen Namen Crişul Alb an der Karpaten-Nordseite entspringt. Neben Debrecen ist Gyula wohl die einzige Stadt im Ostteil der Tiefebene, die gegebenenfalls auch einen Umweg lohnt (→*Szolnok*).

Gyula / **Sehenswürdigkeiten**

In Gyula steht die einzige nahezu vollständig erhaltene *Burg* der Großen Tiefebene. Als sie am Ende des 14. Jahrhunderts erbaut wurde, muß sie einer der wenigen Orientierungspunkte in der riesigen, leeren Ebene gewesen sein. Jedenfalls war die strategische Bedeutung so groß, daß die Türken sie 1566 in ihren Besitz brachten. Erst 1694 konnte sie zurückerobert werden. Das spätgotische Bauwerk mit seinen mächtigen Mauern beeindruckt noch heute. Innen ist ein Museum eingerichtet, im Turm eine Cafébar. Sehenswert ist ferner der *Naturschutzpark* neben der Burg. Im Ort stehen etliche Häuser unter Denkmalschutz, so auch das Geburtshaus des Komponisten Ferenc Erkel (1810-93), von dem die ungarische Nationalhymne stammt (am Apor Vilmos tér 7). Auch Vorfahren des Malers Albrecht Dürer, die Familie Ajtósi, waren in Gyula ansässig.

Gyula / **Praktische Informationen**

Autoservice: Tankstelle an der Lenin út (auch bleifrei).
Bademöglichkeit: Sehr schönes Thermalbad nahe der Burg.
Camping: Es gibt drei Plätze: ,,Gyula Kemping'', Vadaskert utca 2, Tel. 6 26 90 (Kat. II; geöffnet 1.5. bis 31.8.; viel Schatten). ,,Márk Kemping'', Vár utca

5 (Kat. III; ganzjährig offen; einfacher privater Platz). „Thermál Kemping",
Szélsőutca 16, Tel. 6 22 40 (Kat. I; ganzjährig offen; gut ausgestattet).
Essen und Trinken: Restaurant „Otthon" in der Hét vezér utca 2. Café an der
Burg. Berühmte Konditorei in der Jókai utca 1.
Touristeninformation: Békés Tourist (Fremdenverkehrsamt), 5700 Gyula, Kossuth L. utca 16, Tel. 6 22 61. — IBUSZ in 5600 Békéscsaba, István király tér
5. — Express-Jugendreisebüro ebenfalls in Békéscsaba, Tanácsköztársaság
útja 29-33, Tel. 2 42 01.
Unterkunft: Hotel „Komló", Béke sugárút 6, Tel. 6 10 41 (Kat. C) und Hotel „Aranykereszt", Eszperantó tér, Tel. 6 20 57. — In der Hauptsaison Übernachtungsplätze auch im Kulich Gyula Kollégium in Békéscsaba, Vandháti utca 3.
Verkehrsverbindungen: 221 Straßen-km von Budapest. — Busse und Züge vor
allem nach Békéscsaba, von dort aus in andere Richtungen. — Straßengrenzübergang nach Rumänien etwa 3 km vom Zentrum.

*Die Ungarn — besonders in abgelegeneren Gegenden — sind den Fremden
gegenüber aufgeschlossen*

Handeln

Der Spielraum zum Handeln ist etwa so gering wie in Deutschland auch. Auf Flohmärkten oder in Second-Hand-Läden kann man es freilich versuchen, ebenso bei Straßenhändlern oder beim Kauf besonders wertvoller Dinge.

IBUSZ → *Touristeninformation*

Impfungen

Besondere Schutzimpfungen sind weder nötig noch vorgeschrieben. Im eigenen Interesse sollte man jedoch immer darauf achten, einen ausreichenden Tetanus-Schutz zu haben.

Karten

In Ungarn erhält man gutes Kartenmaterial. Das Unternehmen Cartographia Budapest hat einen umfangreichen Verlagskatalog mit Straßen-, Bezirks- und Touristenkarten sowie Stadtplänen — und das alles zu ziemlich niedrigen Preisen.

Für Autofahrer sei die Ungarn-Straßenkarte 1:500 000 von Cartographia (mit vollständigem Ortsregister) empfohlen, die in vielen ungarischen Buchhandlungen, nicht aber an Tankstellen erhältlich ist. Auch manche Karte westdeutscher Verlage ist gut geeignet; dabei sollte man aber keinen zu kleinen Maßstab wählen, sonst kann man auf Nebenstrecken gelegentlich Orientierungsschwierigkeiten bekommen! Eine interessante Neuerscheinung ist der Euroatlas Band Ungarn (RV Verlag) im DIN A4-Format: er enthält auf etlichen Seiten verteilt ganz Ungarn im Supermaßstab 1:300 000 (Preis 19,80 DM).

Wer sich eine Region genauer ansehen will, wer wandert oder per Fahrrad einen Teil Ungarns erkunden will, der sollte die besonders detaillierten Komitatskarten (Bezirkskarten; *megye térképe*) im Maßstab 1:150 000 nehmen, die es für alle Komitate des Landes gibt (→*Bezirke*). Leider ist die Legende nur auf Ungarisch abgedruckt, und zu bekommen sind die Blätter fast nur in Budapest (Bajcsy-Zsilinszky út 37 oder Nyár utca 1).

Darüber hinaus gibt es Touristenkarten *(turistatérképe)* von vielen beliebten Ausflugszielen mit Maßstäben zwischen 1:20 000 und 1:80 000; sie sind meist in Buchhandlungen und Touristenbüros der jeweiligen Gegend zu bekommen. Die Stadtpläne des Cartographia-Verlags sind beispielhaft: eingezeichnet sind Apotheken, Postämter, Warenhäuser, Tankstellen und vieles andere für Touristen so Wichtige, wenngleich auch meist nur mit ungarischer Legende. Es gibt diese Pläne von inzwischen mehr als 50 ungarischen Orten. Eine größere Auswahl ist in den Budapester Buchhandlungen vorrätig, ansonsten jeweils im Touristenbüro der Orte. In Deutschland ist praktisch nur der Falk-Plan ,,Budapest'' im Handel.

Im übrigen sollte man sich wegen der Legende von Karten und Plänen keine Sorgen machen: da es sich ja dabei fast immer um einzelne Wörter handelt, kann man sie mit einem kleinen Wörterbuch gut verstehen!

Kecskemét (Mittel-Ungarn, Große Tiefebene)

Etwa in der Mitte der wichtigen Verkehrslinie von Budapest nach Szeged liegt die Stadt Kecskemét, mit 103 000 Einwohnern die größte im Gebiet zwischen Donau und Theiß (*Duna-Tisza köze*) und Verwaltungssitz des Bezirkes Bács-Kiskun. Die Umgebung dieser ansehnlichen Agrarstadt besteht aus riesigen Obstbaumhainen: es sind vor allem Aprikosenbäume, deren Früchte zur Herstellung des ,,Barack Pálinka'' (typisch ungarischer Aprikosenschnaps) dienen. Daneben spielt auch die Konservenindustrie seit jeher eine große Rolle. Außerdem gibt es viele Weingärten, die berühmtesten bei der Siedlung **Helvécia** (10 km südwestlich).

Die von dörflichen Vierteln umgebene Stadt liegt ziemlich isoliert in der riesigen, monotonen Tiefebene, in der sich die meist kilometerweit auseinanderliegenden Einzelgehöfte (*tanya*) verlieren.

Kecskemét / **Geschichte**

An der Stelle einiger Streusiedlungen wurde im 13. Jahrhundert der Ort gegründet, der schon im 14. Jahrhundert als Stadt galt. Wie fast alle Städte der Tiefebene war auch Kecskemét im 16./17. Jahrhundert unter türkischer Herrschaft; aber als eine der sogenannten ,,Drei Städte'' (Kecskemét, Cegléd, Nagykőrös), die in direktem Besitz des Sultans waren, genoß Kecskemét einige Privilegien und konnte sich sogar durch Aneignung der Gemarkungen ausgelöschter Dörfer in der Umgebung noch erheblich vergrößern. Es bildete sich ein wohlhabendes Bürgertum heraus. Berittene Hirten überwachten riesige Rinderherden, die während des ganzen Jahres im Freien weideten.

Im 19. Jahrhundert entschloß man sich, zur Eindämmung der manchmal verheerenden Flugsandanwehungen rund eine Million Obstbäume, vor allem Aprikosen, daneben auch Weinstöcke, zu setzen. Aus einem Gebiet mit vorherrschend extensiver Weidewirtschaft wurde so im Laufe einiger Jahrzehnte eines mit sehr ertragreichen Sonderkulturen; auf dem schwer nutzbaren Sandboden von einst erstreckt sich heute der größte ,,Obstgarten'' des Landes. Noch heute sind fast vierzig Prozent der Einwohner von Kecskemét in der Landwirtschaft tätig.

Kecskemét / **Sehenswürdigkeiten**

Wenn man durch einige krumme und schmale Einbahnstraßen in die Stadt-
mitte gelangt ist, wird man zunächst verblüfft sein: in dieser Bauernstadt trifft
man ganz unerwartet auf eine größere Zahl interessanter *Jugendstilhäuser*,
gruppiert um attraktiv gestaltete Plätze. Am Kossuth tér steht das freskenge-
schmückte *Rathaus* (erbaut 1893-97), dessen Baustil eine eigene ungarische
Architektur einleiten sollte. An demselben Platz stehen ferner drei Kirchen.
Am benachbarten Szabadság tér ist in der einstigen Synagoge (erbaut 1864-
71) heute das *„Haus der Technik"* untergebracht; ebenfalls in der Nähe der
sogenannte *Cifra-Palast* im Jugendstil. Die *Dreifaltigkeitssäule* am Színház
tér mahnt an die Pest-Epidemie von 1742. Außerdem gibt es einige Museen
bzw. Ausstellungen in Kecskemét: das *Museum der naiven Künstler* in der Gá-
spár A. utca 11; das *Katona-József-Museum* (Sammlung von Objekten aus der
Völkerwanderungszeit und aus dem Hirtenleben der Bugacer Puszta →*Kecs-
kemét/Umgebung*) liegt in einem Park vor dem Bahnhof, am Ende der Rákóczi út. In einem Barockgebäude in der Kéttemplom köz wurde das *Kodály-
Zoltán-Institut für Musikpädagogik* eingerichtet, weil der große ungarische Kom-
ponist und Musikpädagoge Zoltán Kodály (1882-1967) aus Kecskemét stamm-
te. Im Südosten der Stadt liegt die *Künstlerkolonie Műkert*. Wer einige Tage
in der Region bleiben will, kann sich zunächst im *Ausstellungsgebäude des
Nationalparks von Bugac* (→*Kecskemét/Umgebung*) in der Liszt F. utca 19 informieren.

Kecskemét / **Umgebung**

Etwa 40 km südlich (Straße über Kiskunfélegyháza) erstreckt sich die 30 000
ha große **Puszta von Bugac**, die als eines der sechs Teilgebiete des Nationalparks Kiskunság unter Naturschutz gestellt ist. Das scheinbar endlose Wei-
deland ist durchsetzt von einzelnen Salztümpeln und Teichen, an denen Scha-
ren von Wasservögeln leben. Stellenweise haben sich richtige Sanddünen gebildet. Man sieht die typischen Ziehbrunnen, in deren Nähe große Herden
von Steppenrindern weiden. Im Ort Bugac (4500 Einw.) findet man Gestüte,
einen empfehlenswerten Gasthof und ein interessantes Hirtenmuseum.

Kecskemét / **Praktische Informationen**

Camping: „AutósKemping", Sport utca 5, Tel. 2 87 00 (Kat. II; geöffnet 15.4.
bis 16.10.; gut ausgestattet; kaum Schatten; Freibad und Thermalbad in der
Nähe; Sauna vorhanden; Buslinien 1 und 11 zur Stadt).
Einkaufen: Es gibt eine größere Zahl guter Geschäfte bzw. Kaufhäuser im Bereich der innerstädtischen Plätze.

Essen und Trinken: Gutes Restaurant im Hotel „Aranyhomok" am Széchenyi tér; in der näheren Umgebung auch einfachere Gaststätten und Imbisse. Interessant ist die „Szélmalom csárda" in der Munkácsy utca 10, die in einer ehemaligen Windmühle eingerichtet wurde.

Touristeninformation: Puszta Tourist (Fremdenverkehrsamt), 6000 Kecskemét, Szabadság tér 2, Tel. 2 94 99. — IBUSZ, Széchenyi tér 1-3, Tel. 2 29 55. — Express-Jugendreisebüro, Rákóczi út 32, Tel. 2 53 90 (beim Bahnhof).

Unterkunft: Bestes Haus am Ort ist das Hotel „Aranyhomok" am Széchenyi tér 3, Tel. 1 10 10 (Kat. B). Das Hotel „Szauna", Sport utca 3, Tel. 2 29 00, liegt neben dem Campingplatz und ist auch nicht ganz billig. Privatzimmervermittlung, auch in Pusztagehöften, über das Fremdenverkehrsamt. Studentenwohnheim in der Nyíri utca 27.

Verkehrsverbindungen: 85 Straßen-km von Budapest. — Bahnhof am Ende der Rákóczi út: mehrere Züge täglich auf der Hauptstrecke Budapest — Szeged, Verbindungen auch in etliche Kleinstädte im weiten Umkreis, z.B. Cegléd oder Baja. Es gibt außerdem eine historische Kleinbahn, die von Kecskemét ausgehend zwei Strecken durch die Puszta von Bugac befährt: entweder über Helvécia nach Kiskőrös oder über Bugac (Nationalpark) nach Kiskunmajsa (jeweils 40-50 km). — Autobahn M-5 ab Budapest derzeit fertiggestellt bis Lajosmizse (8 km nördlich von Kecskemét).

Keszthely →*Balaton*

Kinder

Ungarn ist für einen Urlaub mit Kindern im allgemeinen gut geeignet. Man muß in dem kleinen Land keine langen Tagesetappen in Kauf nehmen, um einen Ausflug zu unternehmen oder von Campingplatz zu Campingplatz weiterzuziehen. Das Land ist nicht so fremdartig, daß man mit ungewohnten Situationen oder gar besonderen Gefahren rechnen müßte. Vor allem Hygiene und Klima erlauben eine Ungarn-Reise auch mit Kleinkindern.

Es gibt zwar nicht viele Kinderspielplätze oder dergleichen, aber Ungarn bietet in natura viele Motive, die Großstadtkinder oft nur aus Bilderbüchern kennen. →*Ermäßigungen*

Kleidung

Man kann im wesentlichen die Kleidungsstücke einpacken, die man auch zu Hause je nach Jahreszeit tragen würde. Auch sehr legere Sachen kann man durchaus tragen. Eine leichte Regenjacke und ein Pullover sollten auch im Sommer nicht fehlen, denn einen Regenschauer oder gelegentliche kühle

Abende muß man schon einkalkulieren. Im Hochsommer ist vor allem leichte
Baumwollkleidung anzuraten.

Klima

Ungarn hat gemäßigt-kontinentales Klima. Es gibt zwar keine allzu großen Un-
terschiede zwischen den einzelnen Landesteilen, aber es lassen sich doch
drei Großräume abgrenzen: Westen (ozeanisch), Südwesten (mediterran) sowie Osten und Nordosten (kontinental). Mit jährlich bis zu 2200 Sonnenstun-
den erfährt das Land vor allem im Juli und August lange Schönwetterperioden, allerdings auch vorübergehende Dürrezeiten. Ein besonderer klimatischer
Gunstraum ist das Städtedreieck Kecskemét — Baja — Szeged.

Im Tiefland liegt die mittlere Januartemperatur bei etwa -1 bis -3 °C (relativ
kalter Winter) und die mittlere Julitemperatur bei 20 bis 23 °C (Tagesmaxima
bis über 28 °C). Die Wassertemperatur des Balaton steigt auf 26 bis 28 °C
im Sommer. Die jährlichen Niederschlagsmengen nehmen von West nach Ost
ab, im Südosten muß sogar vielerorts im Sommer künstlich bewässert werden. Eine Ausnahme bilden die Mittelgebirge mit deutlich höheren Nieder-
schlägen und einer winterlichen Schneedecke von 80 bis 90 Tagen.

Durchschnittliche Monatstemperaturen und -niederschlagsmengen (gerundet)

Stadt	Januar	April	Juli	Oktober	Jahres-	
Györ	- 2	11	21	10	- mittel	10,1 °C
	33	38	80	56	- summe	615 mm
Budapest	- 1	12	22	11	- mittel	11,2 °C
	42	45	54	56	- summe	630 mm
Miskolc	- 3	10	21	10	- mittel	9,7 °C
	31	39	66	49	- summe	600 mm
Debrecen	- 3	11	22	10	- mittel	10,3 °C
	35	36	59	49	- summe	584 mm
Szeged	- 1	12	23	12	- mittel	11,5 °C
	34	41	51	46	- summe	558 mm
Pécs	- 1	12	23	12	- mittel	11,5 °C
	41	58	64	64	- summe	667 mm
vgl. Köln	2	9	18	10	- mittel	10,0 °C
	32	49	81	64	- summe	696 mm
vgl. Rom	7	14	26	18	- mittel	16,3 °C
	74	62	6	123	- summe	828 mm

Reisezeit: Am besten besucht man Ungarn in der Zeit von Mai bis Oktober. Im Juli und August herrscht in den Touristenregionen und besonders am Balaton Hochbetrieb, dazu kommt dann oft große Hitze. Wer zeitlich ungebunden ist und ohne Vorausbuchung Quartier nehmen will, sollte auf jeden Fall in der Nebensaison fahren (→*Ermäßigungen*). Budapest kann man sich durchaus auch im Winter ansehen, eventuell in Verbindung mit einem Skiurlaub in den nördlichen Mittelgebirgen (→*Sport*).

Kőszeg (W-Ungarn, Alpenvorland)

Der Ort Kőszeg liegt unmittelbar an der Grenze zu Österreich in der Nähe des 882 m hohen Gipfels Írottkő (militärisches Sperrgebiet). Als Grenzort ist Kőszeg keineswegs nur eine touristische Durchgangsstation, sondern selbst ein beliebtes Ausflugsziel mit etlichen historischen Gebäuden und einem schönen Grüngürtel. Die Stadt hat heute rund 13 000 Einwohner und liegt mit 270 m ü.M. für ungarische Verhältnisse sehr hoch (man merkt jedoch nichts davon). Der östliche Ortsrand wird vom Gyöngyös-Bach durchflossen.

Kőszeg / **Geschichte**

Bereits in vorrömischer Zeit gab es hier eine Ansiedlung. Die Kleinstadt gewann während der Türkenkriege große Bedeutung: als sich die Türken 1532 zur Eroberung Wiens anschickten, gelang es dem Burghauptmann von Kőszeg, Miklós Jurisich, mit nur wenigen hundert Mann den über 70 000 türkischen Belagerungssoldaten standzuhalten. Damit leistete Kőszeg einen der wichtigsten Beiträge zur „Rettung des Abendlandes". — Ehemaliger deutschsprachiger Ortsname: Güns.

Kőszeg / **Sehenswürdigkeiten**

Eine Ringstraße (Várkör) umgibt das Herz der Stadt mit der *Jurisich-Burg* und dem sehr fotogenen *Jurisich tér* (interessante Fassaden, Stadtbrunnen, Kirche), den man durch das 1932 errichtete *Heldentor* (*Hősök kapuja*) betritt. Vor dem Heldentor, im Zuge der Ringstraße, befindet sich der Köztársaság tér mit allerlei Geschäften, etwas oberhalb die neugotische *Herz-Jesu-Kirche*. Im Chernel-Park in der Hunyadi utca gibt es ein *Arboretum* (*Baumgarten*). Neben dem Besuch dieser Hauptsehenswürdigkeiten lohnt sich ein Streifzug durch die überwiegend stillen Seitenstraßen des Ortes: viele schöne Fassadendetails erwecken den Eindruck, in Kőszeg sei die Zeit stehengeblieben. Wer dabei durch die Kálvária utca (ab Csőgör I.utca) zum *Kalvarienberg* mit der kleinen Kapelle aufsteigt, hat eine herrliche Aussicht. Einen schönen Ruderteich findet man am nordwestlichen Ortsrand nahe beim Grenzübergang.

Kőszeg / **Praktische Informationen**

Ärztliche Versorgung: *Apotheken* in der Béke út und in der Rákóczi F. utca.

Autoservice: Tankstelle am Petőfi tér; Werkstatt in der Munkácsy M. utca 13.

Bademöglichkeit: Freibad direkt neben dem Campingplatz.

Banken: Geldwechselmöglichkeit im Fremdenverkehrsamt oder bei IBUSZ.

Camping: Es gibt einen sehr einfachen Campingplatz (Obstbaumwiese) am östlichen Ortsrand neben dem Freibad (Alsó körút 79, Tel. 6 09 81, geöffnet 1.5. bis 30.9.). Die Zufahrt ist nicht ganz einfach, aber hinreichend beschildert. Zu Fuß gut 5 Minuten in die Ortsmitte. Ansonsten ist der Campingplatz in →*Szombathely* sehr zu empfehlen.

Einkaufen: Im Bereich Béke út und Köztársaság tér gibt es alle notwendigen Geschäfte (SB-Lebensmittelladen Béke út 20, weiterer SB-Lebensmittelladen am Ende der Rákóczi F.utca). Gemüsemarkt ebenfalls in der Nähe (Kossuth L. utca). Gemüsemarkt ist mittwochs und samstags.

Essen und Trinken: ,,Alpesi vendéglő'' auf der Munkácsy M. utca 2; Restaurant im Hotel ,,Írottkő'' auf der Kossuth L. utca 2-4; Restaurant ,,Hegyalja'' auf der Ságvári E. utca; Gasthof ,,Kóbor Macska'' auf dem Várkör 100; Stra-

Der malerische Jurisich tér im Ortskern ist das Wahrzeichen von Kőszeg

ßencafé am Köztársaság tér. ,,Bécsikapu''-Biergarten beim Eingang zur Burg; daneben ein Grill-Imbiß.

Polizei: Ságvári E. utca.

Post: Várkör 69, Telefonvorwahl 94.

Touristeninformation: Savaria Tourist (Fremdenverkehrsamt), 9730 Kőszeg, Várkör 57, Tel. 1 95. — IBUSZ im Hotel ,,Írottkő'', Tel. 3 36.

Unterkunft: Hotel ,,Írottkő'', Köztársaság tér 2, Tel. 3 33 (Kat. B); Hotel ,,Strucc'', Várkör 1 24, Tel. 2 81 (Kat. C); Touristenhotel ,,Vár'' in der Burg, Tel. 1 84 (Kat. B). Es gibt auch Privatzimmer. Übernachtung auch im Studentenwohnheim in der Lőwy S. utca 8 möglich.

Verkehrsverbindungen: 235 bis 250 Straßen-km von Budapest je nach Strecke. — Kleiner Bahnhof am südöstlichen Ortsrand: nur Schienenbusse in Richtung Szombathely. — Busstation in der Liszt F. utca: regelmäßige Verbindungen nach Szombathely und Sopron, in die Dörfer Velem und Bozsok am Grenzberg Írottkő sowie Ortsverkehr zum Ausflugsziel Szabó-hegy und zum Ruderteich nahe der Staatsgrenze.

Konsulate →*Botschaften*

Krankenhäuser →*Ärztliche Versorgung, einzelne Orte*

Krankenscheine

Urlauber aus der Bundesrepublik Deutschland müssen bedenken, daß seit dem 1.1.1989 von den gesetzlichen Krankenkassen keine Arzt- und Krankenhauskosten mehr zurückerstattet werden, die im Ausland bar beglichen wurden. Da Ungarn kein EG-Land ist und auch bis heute kein Sozialversicherungsabkommen mit der Bundesrepublik Deutschland hat, gibt es keine Behandlungsscheine, die eine direkte Verrechnung zwischen der ungarischen Stelle und der deutschen Krankenkasse ermöglichen würden. Eine **Reisekrankenversicherung** ist mithin dringend anzuraten. Für 24 Tage Geltungsdauer zahlt man zur Zeit je Person etwa 20 DM. Einzelheiten an Bahnhofsschaltern oder in Reisebüros. Privat Versicherte sind solcher Überlegungen enthoben.

Kreditkarten →*Geld*

Kriminalität

Es gibt zwar keine besorgniserregenden Meldungen, aber Drogenhandel, Handtaschenraub, Autoaufbrüche u. a. sind seit dem Ende der sozialistischen Ära merkbar aufgeblüht. → *Diebstahl*

Literatur

In den letzten Jahren hat das Angebot an Ungarn-Büchern merklich zugenommen. Dabei ist zu beachten, daß viele dieser Titel hinsichtlich der politischen und wirtschaftlichen Veränderungen nicht auf dem neuesten Stand sind.
So wird Ungarn einerseits oft zu sehr mit anderen Ostblockländern gleichge-
stellt, andererseits werden gelegentlich vor lauter Liberalisierungs-Euphorie
die sozialen Probleme übersehen. Man kann deshalb nur raten, sich durch
aktuelle Zeitungsberichte sein Ungarn-Bild abzurunden. Im folgenden nur eine kleine Auswahl interessanter Buchtitel:

Apa Guides: Budapest. Berlin 1990, sehr gute Fotos, 277 S.)

Baedekers-Allianz-Taschenbuch Budapest. Freiburg 1984 (sehr nützlich für
eine Städtereise; Stadtplan; keine kritischen Beiträge);

Balassa, I. und Ortutay, Gy.: Ungarische Volkskunde. Budapest/München 1982
(868 S., viele Abb., in Ungarn viel preiswerter als in der Bundesrepublik, sehr
empfehlenswertes Gesamtwerk über Volkskunst und Brauchtum);

Bollweg, E.: Budapest-richtig reisen. Köln, 6. Aufl. 1989 (263 S.; gehört sicher
nicht zu den besten Büchern der ansonsten attraktiven Reihe);

Droste, W., Scherrer, S. u. Schwamm, K. (Hg.): Ungarn — ein Reisebuch. Hamburg 1989;

dtv-Merian - Reiseführer Budapest. München 1985 (247 S.; übersichtlich; viele praktische Hinweise);

Eberhard, E. u. Reinhard, M.: Budapest (Preiswert reisen), Köln 1990, 317 S.

Forst-Battaglia,J.: Ungarn. Olten/Schweiz (322 S.);

Grieben Band 288 Ungarn. München o.J. (216 S.; unscheinbar, aber sehr sy-
stematisch; wenig praktische Hinweise);

Keilhauer, A.: Ungarn (DuMont-Kunstreiseführer), Köln 1990 (452 S.)

Knabe, H.: Ungarn (anders reisen). Reinbek 1988 (430 S.; sehr empfehlenswert schon als Lektüre vor der Reise);

Meisner, M. (Hrsg.): Ungarn (VSA-Verlag). Hamburg 1990, 274 S.

Marco Polo-Reihe: Budapest. Ostfildern 1991, 96 S.

Merian Heft 6/88 Budapest (eher als Begleitlektüre);

Nelles Guides: Ungarn, München 1991, 256 S.

Németh, Gy. (Hg.): Ungarn — ein großer Reiseführer. Budapest 1978 ff. (318
S.; in Ungarn sehr preiswert; ausführlich über Sehenswürdigkeiten, kaum
Brauchbares über politische Hintergründe);

Polyglott-Reihe: Der große Polyglott 123: Ungarn. München 1990/91, 328 S.

Radkai, M. (Hg): Ungarn. Berlin u. a. 1989 (in der gewohnt guten Aufmachung
der APA-Guides)

Rigó, A.: Ungarn — ein Reisehandbuch. Berlin 1987;

Ropers, N. (Hg.): Osteuropa — anders reisen. Reinbek 1985 (darin 30 S. über Ungarn; interessant zum Vergleich mit anderen Ostblockländern; als Reiseführer sicher zu knapp);
Weise, V. u. W.: Ungarn (Preiswert reisen). Köln 3. Aufl. 1990 (255 S.; viele praktische Hinweise);
Weise, V. u. W.: 100 ungarische Gerichte. Köln 1991.
Zeutschner, H: Ungarn (Michael Müller Verlag). Ebermannstadt 1989, 478 S.
An Sachbüchern über die Entwicklung in Ungarn am Ende der 80er Jahre herrscht bislang Mangel. Lesenswerte Erzählungen und Romane ungarischer Autoren in deutscher Übersetzung sind ebenfalls rar. Ein schöner Band, wenngleich nicht billig, ist *Ungarische Erzähler, hrsgg. von A. Oplatka* (Zürich 1974). Eine kritische Analyse des sozialistischen Arbeitsalltags gibt *M.Haraszti* in dem Bericht *Stücklohn* (Berlin 1976). Zur sprachlichen Orientierung sollte man sich in einer ungarischen Buchhandlung den sehr gut gegliederten, spottbilligen *Enzyklopädie-Reisesprachführer Deutsch-Ungarisch von P.Kárpáti und L.Tarnói* (Leipzig 1987) besorgen (falls noch erhältlich). Außerdem ist ein handliches Wörterbuch gerade in Ungarn unverzichtbar (→*Sprache*). Erste Einblicke in Vokabular und Grammatik vermittelt der Glossen-Band *Mitten am Rande — ein bißchen Ungarn von S.Brachfeld* (Budapest 1979); die Pointen in dem Buch sind allerdings teilweise sehr flach.
→*Karten*

Maße und Gewichte

Lediglich eine ungarische Eigenart muß man kennen: Gewichtsangaben in Dekagramm (10 g) sind bei manchen Lebensmitteln gebräuchlich! Auch Frischfisch wird auf Speisekarten meist in Dekagramm-Preisen (dkg) angegeben; man sollte vor der Bestellung eventuell einmal überschlagen, wie hoch der Endpreis einer durchschnittlichen Portion ausfallen könnte.

Medikamente →*Apotheken, Reiseapotheke*
Meldepflicht →*Dokumente*

Miskolc (NO-Ungarn, Nordungarisches Mittelgebirge)

Ungarn hat nur wenige häßliche Städte; eine davon ist Miskolc. Mit 212 000 Einwohnern ist es die zweitgrößte Stadt des Landes, die jedoch in keiner Hinsicht mit Budapest konkurrieren kann, es sei denn, man vergleicht die Tristesse der Industrieareale: heruntergekommene Wohnblocks, schäbige Fassaden älterer Häuser, qualmende Schlote, abgearbeitet aussehende Menschen, arge Luftverschmutzung. Sehr angenehm ist hingegen die Umgebung (Naherholungsraum): die Stadt grenzt direkt an den Ostrand des waldreichen Bükk-Gebirges; einige Stadtteile liegen bereits im Bükk-Nationalpark (→*Miskolc/Umgebung*). Miskolc bildet einen eigenständigen Großstadtbezirk, außerdem befindet sich hier der Amtssitz des Bezirkes Borsod-Abaúj-Zemplén.

Miskolc / **Geschichte**

Die Burg im Stadtteil Diósgyőr stammt aus dem 9./10. Jahrhundert und ist der älteste gesicherte Nachweis einer Besiedlung. 1241 fielen die Mongolen ein und zerstörten das Bauwerk. Nach der Wiederherstellung im Jahre 1316 gelangte die Burg bald in königlichen Besitz, begann gegen Ende des 16. Jahrhunderts zu verfallen, wurde ab 1776 gar als Steinbruch genutzt. 1962 begannen die Restaurierungsarbeiten.

Die Siedlung bei der Burg entwickelte sich langsam zu einer Stadt, obwohl es immer wieder schwere Rückschläge gab: 1544 Plünderung durch die Türken, bis 1687 türkische Oberhoheit, 1706 Brandlegung durch kaiserliche Truppen als Attacke gegen den hier operierenden Freiheitskämpfer Rákóczi, 1780 wieder ein Großbrand, um 1880 ein verheerendes Hochwasser, mehrere Male gab es Pest-Epidemien. Nach dem Zweiten Weltkrieg wurde die Stadt völlig umgestaltet: Eingemeindung zahlreicher Vororte (z.B. Hejőcsaba, Diósgyőr, Lillafüred, Miskolctapolca →*Miskolc/Umgebung*). Nach ersten Anfängen einer Eisenverhüttung im 18. Jahrhundert im nahegelegenen Újmassa wurden nun gezielt Schwerindustrieanlagen installiert und viele Arbeitskräfte in neugebauten Wohnblocks angesiedelt. Der alte Stadtkern wurde dabei offenbar bis vor wenigen Jahren vernachlässigt, abgesehen vom Bau einiger Kaufhäuser und Versorgungseinrichtungen. Auch einige weitere Orte der Region wurden in Zentren der Schwerindustrie verwandelt: Ózd ab 1950, Kazincbarcika ab 1952 und Leninváros (ehemals Tiszaszederkény) ab 1970.

Miskolc / **Sehenswürdigkeiten**

Bei einem Gang durch Miskolc gewinnt man rasch den Eindruck, die eigentliche Innenstadt bestehe nur aus der Geschäftsstraße Széchenyi István út (einstige Durchgangsstraße; 1988 zur Fußgängerzone umgestaltet; teils Fassadenrenovierung). Beiderseits dieser Achse blickt man schon auf niedrige Einzelhäuser, Gärten und Ödland. An den stark verbreiterten Parallelstraßen wurden Hochhäuser und Ladenkomplexe errichtet, dazwischen häßliche Kahlschläge und isolierte Altbauten. Diese Art der Modernisierung hat keine Atmosphäre gebracht!

Abseits von Plattensee und Pußta gibt es im Hinterland so manches Sehenswerte zu entdecken ▶

Wer sich dennoch zu einem Bummel durch die Fußgängerzone entschließt, die in dichter Folge von rumpelnden, beinahe schrottreifen Straßenbahnzügen durchfahren wird, sollte gelegentlich einen Blick in die merkwürdigen Hinterhöfe werfen (z.B. Széchenyi út 17).

Als Sehenswürdigkeit wären evtl. zu nennen: das klassizistische *Nationaltheater* (Széchenyi út, Ecke Déryné utca), das barocke *Komitatshaus* und das *Rathaus* (beide am Tanácsháza tér), ferner das *Herman-Ottó-Museum* (Papszer utca 1; Archäologie, Stadtgeschichte), die *griechisch-orthodoxe Kirche* im Hof des Eckhauses am Déak F. tér 7 und die zweitürmige *Minoritenkirche* am Hősök tere. Alle diese Sehenswürdigkeiten sind jedoch nicht gerade herausragend. Lohnend ist hingegen ein Spaziergang auf den 232 m hohen *Avas-Hügel* im Süden des Zentrums, in dessen Hänge Hunderte von Weinkellern eingegraben sind. Vom Fernsehturm auf dem Gipfel des Berges hat man eine gute Aussicht auf die Stadt, das Bükk-Gebirge und bei entsprechendem Wetter sogar bis zu den Karpaten. Die kalvinistische Kirche (gotisch) auf dem Berg stammt aus der Mitte des 13. Jahrhunderts; nach einem Brand 1544 wurde sie weitgehend neu errichtet. — Auf gar keinen Fall sollte man sich die Naturschönheiten im Bükk-Gebirge am westlichen Stadtrand entgehen lassen!

Miskolc / **Umgebung**

Im Gegensatz zur Innenstadt von Miskolc lohnen die westlichen Vororte alle einen Besuch: In **Miskolctapolca** gibt es ein einzigartiges Höhlenbad mitten in einem Wald (knapp 30 °C warmes Heilwasser), daneben einen schönen See zum Kahnfahren. Im unansehnlichen Vorort **Diósgyőr** steht die viertürmige Burgruine *(→Miskolc/Geschichte)*, deren Geschichte aufs engste mit der von Miskolc verbunden ist (interessanter Rundblick vom Turm!). Von hier aus führt die Straße in westlicher Richtung sehr schnell in das waldreiche Bükk-Gebirge; die folgenden Ortsteile Alsóhámor, Felsőhámor und Lillafüred liegen bereits im **Bükk-Nationalpark.** Besonders **Lillafüred** sollte man besuchen: der kleine Kurort liegt an einem malerischen See (Hámori-tó), wo man Ruderboote mieten kann; ferner gibt es zwei Tropfsteinhöhlen (Petőfi- und István barlang; geöffnet 9-16/17h) und einen künstlichen Wasserfall des Szinva-Baches (neben dem Hotel); der benachbarte Bahnhof der Schmalspurbahn *(→Miskolc/Praktische Informationen)* reizt zum Vergleich mit einer Modelleisenbahnanlage! Bei der etwa 3 km weiter westlich gelegenen Bahnstation **Újmassa** im Garadna-Tal steht eine Eisenhütte von 1813; hier nahm die Entwicklung der Miskolcer Schwerindustrie ihren Anfang (kleines Museum). Ein herrliches Stück des Bükk-Nationalparks sieht man, wenn man ihn auf der schmalen Straße von Lillafüred nach Eger durchquert (42 km, asphaltiert). — Weit abseits am Nordwestrand des Nationalparks liegt **Szilvásvárad** mit weltberühmtem Lipizzaner-Gestüt und Pferdemuseum; Ausgangspunkt auch für Wanderungen durch die bewaldete Szalajka-Schlucht (auch hier verkehrt eine Kleinbahn!), wo man ein Waldmuseum, einen Wasserfall und die Höhle im 959 m hohen Berg Istállós-kő besichtigen kann.

Miskolc / **Praktische Informationen**

Ärztliche Versorgung: *Apotheke* auf der Széchenyi út.

Autoservice: Innerstädtische Tankstelle auf der Ady Endre utca (am Busterminal). Bleifreies Benzin auf der Pesti út (zur Landstraße 3 in Richtung Budapest; durchgehend geöffnet).

Bademöglichkeit: Originelles Höhlenbad im Stadtteil Miskolctapolca.

Camping: Zwei Plätze im Stadtteil Miskolctapolca: ,,Autós Kemping'', Iglói út 13, Tel. 6 71 71 (Kat. II; geöffnet 15.4. bis 30.9.; schöne Lage im Wald; MKV-Buslinie 2) und ,,Éden Kemping'', Károlyi M. utca 1, Tel. 6 84 21 (Kat. I; geöffnet 15.4. bis 15.10.; mit Zelt- und Fahrradverleih; MKV-Buslinie 2). Sehr schön im bewaldeten Bergland liegt der Campingplatz von Hollóstető-Bükkszentkereszt, (Tel. 431 83; Kat. II; geöffnet 1.5. bis 30.9.; einfache Ausstattung; Lage 6 km westlich von Miskolc an der Nebenstraße nach Eger, im Bükk-Nationalpark).

Einkaufen: Im Grunde findet man alles in der Fußgängerzone (Széchenyi út; im folgenden nur die Hausnummern): Kaufhaus ,,Centrum'' Nr. 111, SB-Lebensmittel Nr.3, Fotofachgeschäft Nr. 25 bzw. im Kaufhaus, Bücher Nr. 54, Buchantiquariat Nr. 23.

Essen und Trinken: Im Zentrum macht das Restaurant ,,Spaten Pince'' auf der Kossuth L. utca 2 einen sehr guten Eindruck (mit Café, Bierstube). Außerdem Schnellrestaurant ,,Expressz'', Széchenyi út 107. Kaffee trinken und Eis essen kann man im ,,Rácz'' am Tanácsház tér 9-11. Im Stadtteil Lillafüred schönes Gartenlokal mit Seeblick. Auch auf dem Avas-Hügel und in Miskolctapolca annehmbare Gaststätten.

Post: Széchenyi út 5, im ersten Stockwerk, Telefonvorwahl 46.

Sportmöglichkeiten: Neben ausgedehnten Wanderwegen bietet das Bükk-Gebirge gute Möglichkeiten zum Skilaufen, besonders bei Lillafüred und Bükkszentkereszt. Einen durchorganisierten Skibetrieb darf man allerdings nicht erwarten.

Touristeninformation: Borsod Tourist (Fremdenverkehrsamt), 3525 Miskolc, Széchenyi út 35, Tel. 8 80 36. Zweigstellen in Miskolctapolca, Martos F. utca 7, Tel. 1 34 87, und Lillafüred, Losonci út 21, Tel. 7 79 56. — IBUSZ, Széchenyi út 3, Tel. 1 64 40. — Express-Jugendreisebüro, Széchenyi út 56, Tel. 3 55 54 und 3 65 60.

Unterkunft: Im Bereich der Fußgängerzone existieren drei ordentliche Hotels: „Pannónia", Kossuth L. utca 2, Tel. 8 80 22 (Kat. C); „Avas", Széchenyi út 1, Tel. 3 79 31 (Kat. C); „Arany Csillag", Széchenyi út 24, Tel. 3 51 14 (Kat. C). — Im Sommer Schlafplätze im Mädchenkollegium auf der Palóczy utca 1, Tel. 3 51 40 und 1 56 71, und einigen weiteren Heimen. Im Vorort Lillafüred gibt es ein Hotel und in Miskolctapolca vier, von denen das „Juno" (Tel. 6 41 33) das teuerste ist.

Verkehrsverbindungen: 180 Straßen-km von Budapest. — Der Hauptbahnhof (Tiszai pu.) liegt am Zója tér am östlichen Stadtrand: täglich mehrere Züge nach Budapest, Szeged, Debrecen (über Tokaj) sowie in diverse Orte nahe der tschechoslowakischen Grenze; Fernzüge unter anderem nach Bukarest, Sofija (über Varna), Warschau (über Krakau). — Außerdem gibt es eine Klein-bahn, die am Eszperantó tér im westlichen Vorort Kilián-észak beginnt und in den Bükk-Nationalpark hineinfährt; im Ortsteil Hámor verzweigt sich die Strecke in einen Ast nach Lillafüred und Újmassa (Garadna-Tal; vorbei am Hámori-See) und einen Ast nach Taksalápa (weitere Strecke bis Farkasgödör stillgelegt). Diese Bahn durchfährt herrlichste Landschaft und ist für Ausflü-ge wirklich zu empfehlen! — Der Stadt- und Vorortverkehr wird ansonsten durch die Verkehrsbetriebe von Miskolc (MKV) wahrgenommen: das Straßenbahn-netz besteht aus zwei Linien, die beide am Hauptbahnhof beginnen und die Fußgängerzone entlangfahren; die Linie 1 fährt durch bis zum Ortsteil Diós-győr (nahe vorbei an der Endstation der o.g. Kleinbahn), die Linie 2 fährt auf derselben Strecke und wendet bereits am Eisenwerk (vasgyár); zeitweilig ver-kehrt auf dem von der Linie 2 nicht befahrenen Teilstück (vasgyár-Diósgyőr) eine zusätzliche Linie 3. Unter den MKV-Omnibuslinien sind die Linien 2 (nach Miskolctapolca) und 5 (nach Lillafüred) zu erwähnen. Der Bushof liegt am Búza tér. Eger und einige Orte Nordungarns sind mit den VOLÁN-Bussen erreich-bar. — Autobahn M-3 nach Budapest derzeit ab Gyöngyös fertig.

Namen

In Ungarn wird grundsätzlich der Familienname vor den Vornamen gestellt, sowohl beim Schreiben als auch im Gespräch. Verheiratete Frauen benutzen traditionell anstatt ihres eigenen Vornamens den Vornamen des Mannes mit der angehängten Silbe -né: heiratet also z.B. eine Frau namens Fehér Mária einen Mann namens Molnár László, so wird sie fortan Molnár Lászlóné ge-nannt. Diese Sitte, die ja praktisch den Namen der Frau völlig auslöscht, wird allerdings im Rahmen der Emanzipation stark in Frage gestellt.

In ganz Ungarn sind Umbenennungen von Straßen in den nächsten Jahren geplant, z. B. solche, die nach *Népköztársaság* (= Volksrepublik) oder *Vörös*

Hadsereg (= Rote Armee) benannt sind! Der *Marx tér* (= Marxplatz) vor dem Budapester Westbahnhof soll jedenfalls wieder den alten Namen *Párizsi tér* (= Pariser Platz) erhalten, die Prachtstraße *Népköztársaság útja* soll wieder *Andrássy út* heißen und der *Engels tér* wieder *Erzsébet tér*.

Neusiedler See →*Sopron*

Notfall

Die drei wichtigsten *Notfall-Rufnummern* liest man an vielen Stellen in Ungarn:
mentők: 04 (*Rettungswagen*)
tűzoltók: 05 (*Feuerwehr*)
rendőrség: 07 (*Polizei*).
In kleineren Orten lauten diese Nummern manchmal auch 004, 005 und 007. In Städten findet man vereinzelt weiß-blaue Polizei-Notrufsäulen mit der Aufschrift *rendőrség*. Auf Fremdsprachenkenntnisse kann man bei den ungarischen Polizisten kaum hoffen. Deshalb ist es sicher zweckmäßig, im Bedarfsfall das Polizeihauptquartier (*rendőrfőkapitányság*) der Städte aufzusuchen, wo man mit seinem Anliegen noch am ehesten verstanden wird.
Der ADAC nennt für seine Mitglieder folgende Anwaltsadresse: Dr. Daniel Gonda, Alkotmány utca 19, H—1054 Budapest V, Tel. 01/53 38 55

Nyíregyháza (O-Ungarn, Große Tiefebene)

Unter den größeren Städten Ungarns ist Nyíregyháza die östlichste und wohl auch entlegenste. Die Hauptstadt des rückständigen Bezirks Szabolcs-Szatmár-Bereg, der bis an die Grenze der Ukraine reicht, macht einen ziemlich trostlosen Eindruck; sie hat „den Charme eines bebauten Feldweges", wie H. Knabe in seinem Ungarn-Buch treffend sagt (→*Literatur*). Wenngleich auch in den letzten Jahren eine spürbare Industrialisierung eingesetzt hat (Tabak, Lebensmittel, Gummi) und die Einwohnerzahl von 63 200 im Jahre 1966 auf über 117 000 emporgeschnellt ist — der Charakter eines Riesendorfes ist geblieben. Viele Familien bewohnen Einzelgehöfte (*tanya*) in mehr oder weniger großer Entfernung zum Stadtkern. Außer einigen ansehnlichen Häusern am Tanácsköztársaság tér und dem Rathaus am Kossuth tér bietet die Stadt nichts Interessantes. Reizvoll ist hingegen der Ortsteil **Sóstó** (=Salzsee) bzw. **Sóstófürdő**. Dort gibt es in einem großen Waldgelände einen See zum Kahnfahren, ein Thermalbad und ein Museumsdorf (überwiegend hölzerne Bauernhäuser aus Ostungarn).
Die Landschaft um Nyíregyháza, die Nyírség, unterscheidet sich von anderen Teilen der Großen Tiefebene: sie ist leicht hügelig, hat sehr sandige Bö-

den und ist relativ dicht besiedelt — insgesamt abwechslungsreicher als die riesige Ebene zwischen Debrecen und Szeged. In der Nyírség gibt es große Apfelplantagen. Touristisch spielt diese Gegend bis heute keine Rolle; auch im Bewußtsein vieler Ungarn ist hinter Nyíregyháza die Welt zu Ende. Bei Streifzügen durch den Ostzipfel Ungarns glaubt man, die Zeit sei stehengeblieben, vor allem im Gebiet jenseits der Theiß (Tísza), das Bereg genannt wird; der größte Teil dieser Landschaft gehört seit Kriegsende zur UdSSR (Transkarpatien). An Sehenswürdigkeiten erwähnenswert sind: **Nyírbátor** mit spätgotischer Báthory-Kirche (hölzerner Glockenturm), das Moor-Naturschutzgebiet **Bátorliget** fast an der rumänischen Grenze und **Mátészalka** mit einem schönen Regionalmuseum (Szatmár-Museum; nur am Wochenende geöffnet). Seit März 1989 gibt es einen ,,Kleinen Grenzverkehr'' 30 km beiderseits der ungarisch-sowjetischen Grenze: im Grenzort **Záhony** sieht man nun tagsüber viele Autos aus der UdSSR und teilweise großes Gedränge in den Geschäften.

Nyíregyháza / **Praktische Informationen**

Autoservice: Es gibt nur wenige Tankstellen im äußersten Osten Ungarns; deshalb stets rechtzeitig volltanken! Bleifreies Benzin an der Pazonyi út.

Bademöglichkeiten: Thermalbäder im Ortsteil Sóstó, außerdem in den Orten Kisvárda und Mátészalka. Auch an der Theiß (Tisza) gibt es stellenweise gute Badegelegenheiten, doch Vorsicht im Grenzgebiet zur Sowjetunion!

Camping: Zwei Plätze im Ortsteil Sóstó: ,,Fenyves Kemping'' (Tel. 1 51 71; Kat. II; geöffnet 1.6. bis 30.9.; schattig; mit VOLÁN-Buslinie 8 erreichbar) und ,,Igrice Kemping'' (Tel. 1 32 35; Kat. I; geöffnet 1.6. bis 15.9.; ebenfalls Buslinie 8). Im äußersten Osten gibt es nur wenige Campingplätze: ,,Tiszavirág'' in Vásárosnamény (Tel. 2 85; Kat. II; geöffnet 1.6. bis 15.9.; mit Sandstrand am Theißufer); ,,Liget Kemping'' in Mátészalka (Kat. II; geöffnet 1.5. bis 1.9.; an der Landstraße 49 Richtung Csenger). In Tivadar (nördlich von Fehérgyarmat) zwei Campingplätze: ,,Katica'' (geöffnet 1.6 bis 31.8.) und ,,Diós'' (geöffnet 1.5 bis 15.9.). In Kisvárda und Záhony kann man wegen Campingmöglichkeiten an Gasthöfen nachfragen!

Einkaufen: Nyíregyháza bietet ein umfangreiches Angebot; in den kleinen Orten vor der sowjetischen Grenze findet man nur das Nötigste.

Essen und Trinken: Nicht ganz billig, aber sehr gut ist das Restaurant im Hotel ,,Szabolcs'' auf der Dózsa György utca 3. Im Hotel ,,Krúdy'' in Sóstó gibt es eine Snackbar.

Touristeninformation: Nyírtourist (Fremdenverkehrsamt), 4401 Nyíregyháza, Dózsa György utca 3, Tel. 1 15 44 und 1 15 45. — IBUSZ, Lenin tér, Tel. 1 06 39. — Express-Jugendreisebüro, Arany J. utca 2, Tel. 1 16 50. — Weitere

Informationsstellen auch in Kisvárda, Záhony, Vásárosnamény, Mátészalka und Nyírbátor.

Unterkunft: Hotel ,,Béke'', Tanácsköztársaság tér 7, Tel. 1 04 30 (Kat. C). Hotel ,,Krúdy'' in Sóstó, Tel. 1 24 24. Außerdem Motel ,,Igrice'' am gleichnamigen Campingplatz in Sóstó. In manchen kleinen Orten der Umgebung kann man einfache Privatzimmer bekommen.

Verkehrsverbindungen: 270 Straßen-km von Budapest. Nur drei Brücken existieren hier über die Theiß: in Záhony, Vásárosnameny und Tivadar! — Zugverbindungen nach Debrecen, Miskolc (über Tokaj) sowie einige Stichbahnen bis kurz vor die sowjetische Grenze. Lediglich die Hauptstrecke über Záhony ist grenzüberschreitend. — Busstation am Jókai tér mit Fernlinien nach Polgár, Kisvárda und in weitere Orte. — Über die Fernstraße 4 sind es von Nyíregyháza noch 70 km bis zum Grenzort Záhony; wer im UdSSR-Visum hat und über die Grenze will, sollte dies unbedingt tagsüber tun! — Die vielen kleinen Straßen im Osten Ungarns sind fast durchweg in gutem Zustand und sehr wenig benutzt.

Öffentliche Verkehrsmittel →*Reisen im Land, einzelne Orte*

Öffnungszeiten

Oft findet man an Eingangstüren von Ämtern, Museen, Geschäften etc. ein Schild mit der Überschrift *nyitvatartás* (*Öffnungszeit*) und genaueren Angaben. Dabei heißt dann z.B. *nyitva 10-től 18 óráig* = geöffnet von 10 bis 18 Uhr; *mukanapon* = werktags, *szombaton* = samstags, *éjjel-nappal* = nachts und tags, *zárva* = geschlossen.

Einige Anhaltspunkte für Öffnungszeiten:

Museen: meist Di-So 10-18 h, gegebenenfalls Mittagspause, Mo geschlossen;

Banken: Mo-Do 8-17 h, Fr 8-14 h;

Postämter: Mo-Fr 8-18 h oder länger, Sa 8-12 oder 14 h; in Budapest zwei Postämter mit 24-Stunden-Service: Lenin körút 105 (am Westbahnhof) und Baross tér 11 C (am Ostbahnhof);

Touristenbüros: unterschiedlich;

Restaurants: meist 12-23 h; Ruhetage verschieden;

Tankstellen: Mo-Sa meist 6 oder 7-19 oder 20 h, So 7-15 h; an Fernstraßen auch mit 24-Stunden-Service;

Lebensmittelläden: meist Mo-Fr 6-20 h oder 7-19 h, Sa auf jeden Fall in der Kernzeit 10-13 h; in kleinen Orten haben die Läden oft nur bis 17 h geöffnet.

Kaufhäuser: meist Mo-Mi und Fr 9-18 h, Do 9-20 h, Sa 8-13 h;

Spezialgeschäfte: (z.B. Foto) haben oftmals samstags geschlossen.

In Dörfern muß man mit etwas kürzeren Öffnungszeiten rechnen, in Budapest darf man stellenweise auf längere vertrauen (so im Warenhaus „Skála" gegenüber dem Westbahnhof). Sonntags und an den meisten Feiertagen sind nahezu alle Geschäfte geschlossen; auch hier wieder einige Ausnahmen in Budapest: in der Zeit zwischen 8 und 13 h sind geöffnet:

— Warenhaus „ABC", Szent István körút 30;
— Lebensmittel „Csemege", Rákóczi út 50;
— Warenhaus „Centrum", Kossuth tér 4-5;
— Lebensmittel „Sugár", Örs vezér tere;
— Verkaufshalle, Batthyány tér.

Seit einiger Zeit halten viele kleine Geschäfte in Budapest rund um die Uhr geöffnet; nachts muß man jedoch 10 % Aufschlag auf alle Waren bezahlen! Außerdem kann man in etlichen Gaststätten in Budapest sonntags vormittags Brot und Milch kaufen. Außerhalb der üblichen Geschäftszeiten bekommt man auch an Campingplätzen etwas.

Pécs (SW-Ungarn, Transdanubisches Hügelland)

Am Südhang des markanten Mecsek-Gebirgszuges, wo nahezu mediterranes Klima herrscht, liegt die schöne Stadt Pécs. Um die historische Altstadt, in der sich etliche Relikte aus der Türkenzeit erhalten konnten, sind viele Neubaugebiete entstanden, so daß die Stadt heute 177 000 Einwohner zählt und damit die fünftgrößte des Landes ist. Pécs bildet einen selbständigen Großstadtbezirk und ist Amtssitz des Bezirkes Baranya, in dem die Mehrheit der Ungarndeutschen („Donauschwaben", →Geschichte) lebt. Während Pécs immer auch eine Stadt des Kunsthandwerks (Orgelbau, ehemalige Porzellanmanufaktur Zsolnay) war, haben sich in der nahen Umgebung schmutzige und umweltschädigende Industrien und Bergbaubetriebe breitgemacht (Uran im Vorort Újmecsekalja, Steinkohle bei Komló).

Pécs / **Geschichte**

Die Geschichte von Pécs reicht über 2000 Jahre zurück. Der äußerst günstige Siedlungsplatz war bereits von den Kelten bewohnt. Unter den Römern war die Stadt namens Sopianae im 3. Jahrhundert führend in der Provinz Pannonia. Als sie im 9. Jahrhundert zum Fürstentum Mährens gehörte, besaß sie bereits fünf christliche Kirchen (daraus wurde im Mittelalter der lateinische Ortsname Quinque Ecclesiae und als wörtliche Übersetzung der deutschsprachige Name Fünfkirchen; aus der slawischen Übersetzung Pet Crkve entstand der ungarische Name Pécs). Wie in anderen bedeutenden Orten des Landes wurde unter István I. im Jahre 1009 auch in Pécs ein Bischofssitz eingerichtet. Nach dem verheerenden Mongoleneinfall (1241/42) entschloß man sich zum Bau eines starken Mauerringes um die Stadt, dessen Verlauf etwa der heutigen Ringstraße entsprach (auf dem Stadtplan erkennt man daran leicht die enorme Ausdehnung der bebauten Fläche!).

In der Türkenzeit (1543-1686) gaben mindestens zehn Moscheen der Stadt ein orientalisches Aussehen; außerdem wurde ein großartiges unterirdisches Wasserleitungssystem gebaut, das teilweise noch genutzt wird. Bereits damals war Pécs eine lebhafte Handelsstadt am Weg von Regensburg nach Byzanz (Istanbul), wobei Luxusgüter zunehmend auch am Ort selbst gefertigt wurden. Daneben war die kulturelle Bedeutung groß: schon ab 1367 hatte es hier ein paar Jahre lang Ungarns erste und zugleich Europas fünfte Universität gegeben; endgültig konnte sich der Wissenschaftsbetrieb allerdings erst 1923 hier ansiedeln, als nämlich die einst ungarische Universität von Pozsony (heute Bratislava /ČSFR) nach Pécs verlegt wurde.

Etwa 8 Prozent (rund 14 000) der heutigen Einwohner von Pécs sind deutscher Abstammung; ihre Vorfahren kamen nach 1683 ins Land, um die Gegenden neu zu besiedeln, die in der Türkenzeit verödet waren. Zur Pflege der deutschen Sprache und Kultur soll in der Pécser Altstadt ein Kulturzentrum („Lenau-Haus") gebaut werden.

Pécs / **Sehenswürdigkeiten**

Genau im Mittelpunkt des Straßenringes (ehemalige Stadtmauer), der um den Stadtkern herum verläuft, liegt der Hauptplatz von Pécs, der Széchenyi tér. Hier steht das bemerkenswerteste Gebäude der Stadt, die *Gazi-Kasim-Pascha-Moschee*, ein großer quadratischer Bau mit grüner Kuppel; das Minarett existiert nicht mehr. Die Moschee wurde etwa 1580/90 erbaut und stellt das größte Baudenkmal aus der Türkenzeit in Ungarn dar. Heute fungiert sie interessanterweise als katholische Kirche. Am anderen Ende des Platzes ist ein *eosinglasierter Brunnen* aus der Pécser Porzellanmanufaktur Zsolnay zu bewundern. Hinter der Moschee führt die Janus Pannonius utca in die Nordwestecke des Stadtkerns, zum Dóm tér: inmitten des Platzes der *Dom* aus dem 11.-16. Jahrhundert. Auffallend sind die vier jeweils 60 m hohen Ecktürme. Hinter der Kathedrale gibt es einen *Rokokobrunnen* aus dem Jahre 1739. Neben dem *Bischofspalast* an der Westseite des Platzes ist das *Lapidarium* (*Steinsammlung*) untergebracht: außer römischen Stücken sind die Originalreliefs der Domkrypta zu sehen. An der Ostseite des Platzes schließlich die *frühchristlichen Grabkammern* (4. Jahrhundert), die durch einen unterirdischen Gang erreicht werden; die Wandmalereien sind mit denen in den Katakomben von Rom vergleichbar! In der Nähe ist außerdem noch die *Barbakane* sehenswert, ein Rundturm der einstigen Stadtmauer. (Zugang über Esze Tamás utca 4-6).

In der Geisler E. utca (unterhalb des Domplatzes) befindet sich die *Ausgrabungsstätte* eines römischen Friedhofs, einer frühchristlichen Kapelle und einiger römischer Grabkammern.

Ein erstaunliches Baudenkmal steht in der Rákóczi út 2 (Teil der Ringstraße): es ist die kleine *Jakovali-Hasan-Moschee* aus dem 16. Jahrhundert, die einzige vollständig erhalten gebliebene in ganz Ungarn. Innen ist ein Türkisches Museum (mittwochs geschlossen); das Minarett kann bestiegen werden. In der Nyár utca am westlichen Stadtrand steht noch eine *türkische Grabkapelle* (*Türbe des Idris Baba*). Eine große *Synagoge* existiert am Kossuth tér (mit Museum).

Pécs hat darüberhinaus einige Museen, die einen Besuch lohnen. Das *Janus-Pannonius-Museum* gibt mit seinen diversen Abteilungen einen guten Überblick über Geschichte und Volkstum Ungarns: Ethnographische Abteilung in der Rákóczi út 15, Archäologische Abteilung am Széchenyi tér 12, Naturwissenschaftliche Abteilung in der Rákóczi út 64, Lapidarium am Dom (s.o.), Hauptstelle in der Kulich Gyula utca. Die ständige Ausstellung der *Porzellanmanufaktur Zsolnay* findet man in der Káptalan utca 2. Eine Hausnummer weiter das *Vasarely-Museum* im Geburtshaus des berühmten Malers. In der Janus Pannonius utca, nahe beim Domplatz, schließlich noch das *Csontváry-Museum* mit einer Vielzahl der naiv bis expressionistisch ausgerichteten Landschaftsbilder des Malers Csontváry Kosztka.

Nicht zuletzt wegen der guten Aussicht sind Spaziergänge und Ausflüge in das *Mecsek-Gebirge* nördlich der Stadt zu empfehlen. Vom Touristenhaus ,,Dömörkapu'' führt ein markierter Weg zum *Misina-Gipfel* (*Misina-tető*, 535 m); man kann auch die Buslinie 35 ab Innenstadt nehmen. Oben angelangt, kann man den Fernsehturm (TV-torony) besteigen.

Pécs / **Umgebung**

Typische Dörfer der deutschen Minderheit sind **Mecseknádasd** (38 km nordöstlich; schöne Lage an einem Stausee), **Ófalu** (44 km nordöstlich), **Siklós** (28 km südlich; beliebter Ausflugsort; besterhaltene Burg Ungarns, heute als Hotel benutzt) und **Villány** (29 km südwestlich; Anbaugebiet berühmter Rotweine). — **Harkány** (22 km südlich) ist ein bekannter Thermalkurort. In **Abaliget** (10 km nordwestlich) kann man eine 466 m lange Tropfsteinhöhle besichtigen. Der Ferienort **Orfű** (7 km nordwestlich) liegt an einem See; man kann in einem Mühlenmuseum noch einige der einst über zweihundert Wassermühlen sehen. In **Pécsvárad** (10 km nordöstlich) steht eine Festung in reizvoller Umgebung; in **Szigetvár** (33 km westlich) trifft man auf eine Burg, in deren Innenhof eine türkische Moschee erhalten geblieben ist.

Pécs / **Praktische Informationen**

Ärztliche Versorgung: *Apotheken* in der Sallai utca und am Széchenyi tér (am Eosinbrunnen). — *Bezirkskrankenhaus* in der Szendrey J. utca (hinter der Jakovali-Hasan-Moschee), *Klinikkomplex* an der Fürdőutca (am Kossuth tér), *Kinderkrankenhaus* an der Bálicsi út.

Autoservice: Autoclub MAK an der Fürst Sándor utca (Durchgangsstraße 6, kurz vor Abzweig der Straße 57 nach Mohács); dort auch Werkstatt und Tankstelle (auch bleifreies Benzin; durchgehend geöffnet).

Bademöglichkeiten: Wellenbad auf der József A. utca 10, Hallenbad auf der Zsolnay V. utca 46.

Banken: Nationalbank (*Nemzeti Bank*) in der Geisler E. utca, Landessparkasse (*Országos Takarékpénztár*) in der Bem utca.

Camping: In schöner Lage am Hang des Mecsek-Gebirges beim Aussichtsturm liegt ,,Mandulás Kemping'', Beloiannisz utca, Tel. 1 59 81 (Kat. II; geöffnet 15.4. bis 15.10.; steile und kurvenreiche, aber gut ausgebaute Zufahrtsstraße; Buslinie 34 ab Innenstadt). Einen weiteren Platz, vor allem für Jugendgruppen, gibt es bei der Zsolnay-Porzellanfabrik in der Felsővámház utca 72, Tel. 1 36 68 (Kat. II; geöffnet 1.5. bis 31.8., erreichbar mit Buslinien 27 und 40). Etwas weiter außerhalb gibt es Plätze in Orfű (Kat. I; geöffnet 15.4. bis 15.10.; am See gelegen), in Magyarhertelend (Thermalbad in der Nähe; kaum Schatten), in Abaliget (Kat. III; geöffnet 1.5. bis 31.8.; schattig, kleiner Badesee) und in Harkány, Tel. 8 01 17 (Kat. I; geöffnet 15.4. bis 30.9.; schattig).

Einkaufen: Sallai utca und Jókai tér bilden eine Fußgängerzone, in der es allerdings nicht viele bedeutende Geschäfte gibt. Größere Kaufhäuser am Kossuth tér und am Széchenyi tér. Geschäfte des täglichen Bedarfs in der dazwischenliegenden Bem utca. Große Buchhandlung am Széchenyi tér (am Beginn der Sallai utca), Antiquariat in der Sallai utca 12.

Essen und Trinken: Restaurant ,,Nádor'' am Széchenyi tér (mit Café und Bierstube). Restaurant ,,Misina'', Tettye tér 4 (etwas außerhalb am Fernsehturm). SB-Restaurant ,,Konzum'', Bem utca. Gasthof ,,Aranykacsa'', Teréz utca 4 (interessante Speisekarte,raffinierte Gerichte; mit Innenhof). Straßencafé am Jókai tér. Weinstube ,,István pince'', Kazinczy utca 2.

Polizei: An der Rózsa F. utca.

Post: Hauptpost an der Jókai utca 10, weitere am Bahnhof und an der Abzweigung der Straße 66 von der Fernstraße 6 (Tolbuhin út), Telefonvorwahl 72.

Touristeninformation: Mecsek Tourist (Fremdenverkehrsamt), 7621 Pécs, Széchenyi tér 1 und 9, Tel. 1 48 66 und 1 33 00. — IBUSZ, Széchenyi tér 8. — Express-Jugendreisebüro, Bajcsy-Zsilinszky utca 6, Tel. 1 27 93.

Unterkunft: Gasthof „Dömörkapu", Felsőgyükés VI. út, Tel. 1 59 87 (in der Nähe des Fernsehturms). Hotel „Fenyves", Szőlő utca 64, Tel. 1 59 96 (Kat. C). Hotel „Minaret", Sallai utca 35, Tel. 1 33 22. Im Sommer Wohnheimplätze, z.B. in der Hunyadi utca 9 oder am 48-as tér 2 (ausgeschrieben: Negyvennyolcas tér 2).

Verkehrsverbindungen: 203 Straßen-km von Budapest. — Hauptbahnhof am Lenin tér (Ende der Szabadság utca): täglich Züge nach Budapest, Siófok, Baja und andere Orte. — Über einen städtischen Verkehrsbetrieb verfügt die Stadt Pécs nicht, stattdessen wird der Stadtverkehr mit weiß-blauen Bussen des Fernbusunternehmens VOLÁN durchgeführt. Busterminals am Hauptbahnhof und am Kossuth tér. Die Fernbusse starten an der Szalai A. utca (Ecke Rózsa Ferenc utca) und fahren nach Budapest, Kaposvár und an den Balaton, um nur einige Ziele zu nennen. — Taxis am Bahnhof und am Széchenyi tér.

Pensionen → *Unterkunft*

Pflanzen

Die Flora ist im allgemeinen mitteleuropäisch, im Süden gibt es mediterrane Einschläge. Das Land ist nur spärlich bewaldet (etwa 17 % der Fläche): vor allem Laubwald in den Mittelgebirgen. Nadelwald ist selten, kommt fast nur im äußersten Westen vor. Entlang der Flüsse und Bäche trifft man meist Auwälder an, in Niederungsgebieten Moore, an etlichen Seen Schilfdickichte. In der Großen Tiefebene ist die ursprüngliche Grassteppe aufgrund von Maßnahmen zur Bodengewinnung weitgehend zurückgedrängt (Ausnahmen in den zu Nationalparks erklärten Gebieten). Heute werden über 70 % der Landesfläche landwirtschaftlich genutzt. Das ist ein Spitzenwert in Europa, bedeutet aber zugleich, daß entsprechend wenig von der ursprünglichen Vegetation übrig bleiben konnte. Bemerkenswert ist die Blumen- und Pflanzenpracht im ganzen Land, die neben den bunt angestrichenen Hausfassaden erheblich dazu beiträgt, daß sich Ungarn weniger trist und grau darbietet als andere osteuropäische Länder: es gibt kaum ein Dorf ohne Blumenbeete entlang der Durchgangsstraße, kaum ein Postamt, in dessen Schalterhalle nicht wenigstens ein paar Gummibäume stehen, kaum eine Provinzstadt ohne große gepflegte Grünanlagen mit Blumenbeeten.

Plattensee → *Balaton*

Politik

Als Einheitspartei bestimmte die *Ungarische Sozialistische Arbeiterpartei* (*MSzMP;* deutsch *USAP* abgekürzt) über Jahrzehnte die Politik. *János Kádár*, der seit 1956 als Partei-Generalsekretär der Bevölkerung zahlreiche kleine Freiheiten und einen bescheidenen Wohlstand bescherte (→ *Geschichte*), hatte bei allen Experimenten stets darauf geachtet, in der Außen- und Bündnispolitik die Moskauer Linie einzuhalten. Zwar wurde seit Beginn der 80er Jahre bewußt ein liberales Image gepflegt und insbesondere die Beziehung zu Österreich intensiviert, Kádár erwies sich jedoch zunehmend als Bremser weitergehender Reformen. Im November 1988 kam der Reformsozialist *Miklós Németh* als Premierminister ins Amt: vor ihm lagen gewaltige Aufgaben, z.B. enorme Auslandsverschuldung, sinkender Lebensstandard und extrem defizitäre Großbetriebe. Bei der inzwischen begonnenen Neuordnung der Wirtschaft, die auch eine Freigabe der bislang subventionierten Preise beinhaltet, wird eine Arbeitslosenzahl von über 150 000 und eine hohe Inflationsrate (derzeit

Budapester Panorama mit der berühmten Kettenbrücke im Vordergrund, der ältesten Brückenverbindung zwischen Buda und Pest

über 30% jährlich) ausdrücklich hingenommen. Weitreichende Möglichkeiten zur Führung und Gründung privater Betriebe und zu ausländischen Investitionen in Ungarn gibt es bereits (→ *Wirtschaft*). Eine möglichst enge Kooperation mit der EG ist erklärtes Ziel der Wirtschaftspolitik (Assoziation für 1992 angestrebt).

Die innenpolitische Entwicklung in Ungarn seit 1988 ist atemberaubend, wurde allerdings durch die Ereignisse in der ehemaligen DDR etwas in den Hintergrund gedrängt. Da zur Zeit so viel im Wandel ist und noch nicht endgültig beurteilt werden kann, sind im folgenden die spektakulärsten Vorgänge kurz aufgelistet: Die Revolte des Jahres 1956 (→ *Geschichte*) wird nun als Volksaufstand und nicht mehr als Konterrevolution bezeichnet; Imre Nagy wird genau 31 Jahre nach seiner Hinrichtung am 16.6.1989 unter großer Anteilnahme der Bevölkerung rehabilitiert; die offizielle Verkündigung der Rehabilitation wird genau an dem Tage vorgenommen, an dem János Kádár stirbt (6.7.1989, → *Geschichte*); seit Mai 1989 bauen ungarische Soldaten den Stacheldrahtzaun zu Österreich ab; seit August ergriffen Tausende von DDR-Bürgern unter Duldung der ungarischen Regierung die Flucht über die „Grüne Grenze" Ungarn/Österreich; auch die DDR-Bürger, die die westdeutsche Botschaft in Budapest besetzt hatten, durften in den Westen ausreisen; Anfang Oktober 1989 beschließt die Ungarische Sozialistische Arbeiterpartei als erste kommunistische Partei in der Geschichte ihre Selbstauflösung; gleichzeitig wird der kommunistische Führungsanspruch in der Politik aus der Verfassung gestrichen, das Ende der Diktatur des Proletariats verkündet und eine pluralistische demokratische Gesellschaft als Ziel benannt; am 23.10.1989 wird die Bezeichnung „Volksrepublik Ungarn" in „Republik Ungarn" umgeändert, die Auslöschung sämtlicher kommunistischer Symbole (bes. rote Sterne) in Angriff genommen und ein Bekenntnis zum Mehrparteiensystem abgelegt; Anfang 1990 erklärt die Sowjetunion ihre Bereitschaft zum völligen Abzug ihrer Soldaten aus Ungarn binnen kurzer Zeit, bereits am 19.6.1991 verläßt der letzte Sowjet-Soldat das Land; die Ungarn genießen inzwischen volle Reise-, Rede- und Versammlungsfreiheit, sie dürfen Demonstrationen abhalten und müssen nicht mehr mit politischer Strafverfolgung rechnen; am 9.2.1990 werden erstmals seit 1945 wieder diplomatische Beziehungen zum Vatikan aufgenommen. Die ersten freien Wahlen seit 45 Jahren finden am 25.3. 1990 statt: Wahlsieger mit 24,7 % war das national-konservative „Demokratische Forum" (MDF), in dessen Wahlkampf auch antisemitische Tendenzen wiederbelebt wurden. Mit 21,5 % an zweiter Stelle lagen die „Bund Freier Demokraten" (SzDSz; wirtschaftsliberalistisch). Die Reformsozialisten (USP) kamen mit 10,8 % auf Platz 4. Staatspräsident ist der Schriftsteller Árpád Göncz, Premierminister der Medizinhistoriker József Antall. Ab 1991 soll die Wehrpflicht von 18 auf 12 Monate gesenkt werden, bis 1992 sollen die ungarischen Streitkräfte um 35% reduziert werden.

Allgemein läßt sich feststellen, daß Fragen des Umweltschutzes seit einiger Zeit ernster genommen werden (nicht zuletzt aufgrund von Bürgerinitiativen), z. B. wurde das Donaukraftwerk bei Nagymaros wegen ökologischer Bedenken nicht weitergebaut (→ *Vác/Umgebung*). Zweifellos hat Ungarn nach seiner jahrelangen wirtschaftspolitischen Vorreiterrolle in Osteuropa ganz entschieden auch zu den gesellschaftspolitischen Veränderungen beigetragen und dabei sogar Konflikte auf sich genommen (am deutlichsten wohl die Grenzsperrung Rumäniens im Sommer 1988 nach heftigen Wortattacken Ungarns auf die Minderheitenpolitik des rumänischen Diktators Ceaușescu). Bei all den positiven Veränderungen in Ungarn muß man stets die damit einhergehenden sozialen Härten im Auge behalten, aus denen neuer sozialer Sprengstoff werden kann! Inflation und Arbeitslosigkeit haben zu einer sehr weitreichenden Verelendung geführt.

Polizei

Zunächst präge man sich gut ein: die Polizei heißt auf Ungarisch *rendőrség* (eigentlich: Ordnungswache). Die Polizisten tragen blaue Uniformen. Polizeiautos sind weiß-blau lackiert. Als Autofahrer ist man verpflichtet, bei Unfällen die Polizei zu rufen und ein Protokoll aufnehmen zu lassen. Das ist auch für eine reibungslose Ausreise mit einem beschädigten Auto wichtig. Im Verkehrsgeschehen werden ausländische Autofahrer kaum anders behandelt als einheimische. Für Touristen (für Visumfragen u.a.) existiert auch eine spezielle Ausländerpolizei (KEOKH). In Budapest lautet ihre Adresse: Népköztársaság útja 12, Tel. 11 86 68.
→*Notfall*

Post

Jeder Briefmarkensammler kennt die Marken mit der Aufschrift ,,*Magyar Posta*'', die man wohl nur als Eingeweihter mit dem Staat Ungarn (*Magyarország*) in Verbindung bringen kann. Auch die Farbe der Post ist in Ungarn eher ungewöhnlich: Briefkästen sind rot, Postautos meist dunkelgrün und Telefonzellen oft gelb/hellgrün.

Die Portogebühren sind relativ niedrig. Wegen der gelegentlichen Preiserhöhungen (bedingt durch die Inflation) werden hier keine konkreten Angaben gemacht: man erkundige sich auf den ungarischen Postämtern. Die Beförderungsdauer nach Deutschland beträgt rund 5 Tage; die ungarische Post ist ziemlich zuverlässig.

Es gibt ein Postleitzahlensystem (vierstellig): erste Ziffer 1 = Budapest, 2 = größerer Umkreis von Budapest, dann 3 bis 9 im Uhrzeigersinn von Norden ausgehend (ähnlich wie die Fernstraßennumerierung, →Verkehr). Es kommt bei größeren Orten häufig vor, daß die zweite bis vierte Ziffer der Postleitzahl variiert, denn sie steht für einzelne Stadtteile, z. B. in Budapest gibt die zweite und dritte Ziffer den Stadtbezirk (I bis XXII) an.

Postämter findet man auch in kleinen Gemeinden. Briefmarken gibt es außerdem in Tabakläden (*dohánybolt*).

Noch einige wichtige Wörter: *levél* = Brief, *levelező-lap* = Postkarte, *bélyeg* = Briefmarke, *légiposta* = Luftpost, *expressz* = Eilsendung, *ajánlott* = Einschreiben, *távirat* = Telegramm, *nem működik* = außer Betrieb, *N.Sz.K.* = BR Deutschland, *Ausztria* = Österreich, *Svajc* = Schweiz, *Magyarország* = Ungarn.

→*Geld, Öffnungszeiten, Telefonieren*

Puszta

Wer an Ungarn denkt, dem fällt meist das Wort Puszta (eingedeutscht: Pußta) ein. Und in der Phantasie der meisten Leute handelt es sich dabei um das Landschaftsbild Ungarns schlechthin: eine endlose steppenhafte Ebene, auf der Rinder und Pferde grasen, die von berittenen Hirten in Cowboy-Manier (*csikós* genannt) bewacht werden.

Diese Vorstellung ist aber nur zu einem kleinen Teil richtig. Das Wort *puszta* heißt übersetzt nichts weiter als Einöde oder Wüste und bezeichnet zunächst einmal nur einen Landschaftstyp, der in Ungarn zugegebenermaßen weit verbreitet ist (Süden und Osten des Landes), aber keineswegs typisch für das ganze Land ist. Es gibt immerhin noch eine Reihe anderer Landschaftstypen (→*Geographie*). Die Annahme, die Puszta sei eine Steppe, trifft schon eher zu; bei der Übersetzung als Wüste darf man nicht gleich die Sahara vor Augen haben! Von dem ursprünglichen Erscheinungsbild der Tiefebene mit Grasland und Flußauen ist nicht viel übrig geblieben; die Regulierung der Theiß (Tisza) vor etwa hundert Jahren hatte ein Absinken des Wasserspiegels zur Folge, so daß die Böden teilweise versalzten und die Vegetation verarmte. Es entstand eine Art Heidelandschaft, die Puszta genannt wurde. Heute sind in großem Stil Bewässerungsanlagen installiert, auf endlosen Feldern werden Getreide und Futterpflanzen angebaut, zur Erntezeit ziehen Kolonnen überdimensionaler Mähdrescher über die Ebene. Außer großen Gänsescharen sieht man erstaunlich wenige Haustiere, weil die Stallviehhaltung längst zum Normalfall geworden ist. Hin und wieder erblickt man am Horizont schnurgerade Baumreihen: es sind meist Pappeln, die die Kanäle des Be- und Entwässerungssystems säumen und oft die einzigen Schattenspender darstellen. Bei der Hitze und Trockenheit im Sommer kommt es gelegentlich zu Luftspiegelungen; man kann dann manchmal eine Fata Morgana sehen. Trotz all dieser Veränderungen kann man auch heute noch einen lebhaften Eindruck von der einstigen (vielleicht romantisch verklärten) Puszta bekommen: an zwei Stellen wurden Nationalparks zur Erhaltung der landschaftlichen und kulturellen Eigenarten eingerichtet, nämlich Hortobágy (→*Debrecen/Umgebung*) und Bugac (→*Kecskemét/Umgebung*).

Radioprogramme

In Westungarn kann man österreichische Sendungen teilweise gut empfangen. Speziell für deutschsprachige Touristen sendet ,,Radio Danubius'' aus Balatonalmádi zwischen 1. Mai und 30. September täglich von 6.30 bis 21.00 h

Rund ein Fünftel aller Erwerbstätigen ist noch in der Landwirtschaft tätig

auf den Frequenzen 100,5 MHz (Westungarn) und 103,3 MHz (Budapest und Mittelungarn) ein buntes Programm aus Nachrichten, Unterhaltungsmusik, Urlaubsinformationen und Suchmeldungen. Das Niveau ist etwa mit Radio Luxemburg vergleichbar. — Der Sender ,,Petőfi'' bringt täglich ab 12 h Nachrichten auf Englisch, Deutsch und Russisch. Es gibt dort übrigens auch Nachrichten in Esperanto!

Reiseapotheke

Eine besondere Reiseapotheke ist für einen Aufenthalt in Ungarn nicht nötig. Erstens gibt es im Lande keine besonderen Gesundheitsrisiken oder gravierenden hygienischen Mängel, zweitens sind die üblichen ,, Mittel für alle Fälle'' (Kopfschmerz- oder Durchfallmittel) in ungarischen Apotheken schnell zu besorgen. Wer öfters oder gar regelmäßig bestimmte Medikamente einnehmen muß, sollte diese aber unbedingt in ausreichender Menge mitnehmen.
→Apotheken

Reisen im Land

Auto: Eine Reise im Campingbus oder PKW ist natürlich die beste Möglichkeit, bequem in alle Winkel des Landes zu gelangen. Im Falle Ungarns kommt auch nur eine relativ kurze Anreise hinzu. Wer in Westeuropa überwiegend Autoreisen unternimmt, ist auch in Ungarn mit dem Auto bestens beraten (→ Verkehr). Eine Rundreise durch ganz Ungarn kann man mit etwa 1500 bis 1800 km plus Hin- und Rückfahrt und einer Mindestdauer von 3 Wochen planen. Es ist dabei durchaus zu überlegen, ob man nicht einige Abstecher per Eisenbahn oder Schiff (auf dem Balaton) unternimmt und das eigene Auto nur für die Hauptroute von Aufenthaltsort zu Aufenthaltsort benutzt. Dadurch isoliert man sich auch weniger von der einheimischen Bevölkerung, die man ja auch kennenlernen sollte.
→Autovermietung

Bahn: Die Ungarischen Staatsbahnen (MÁV) verfügen über eines der dichtesten Eisenbahnnetze Europas; die Gesamtstreckenlänge beträgt derzeit 8034 km, darunter 221 km Schmalspurbahnen (überwiegend in Ausflugsgebieten). Allerdings ist die Situation wie beim Straßennetz: nahezu alle Hauptstrecken sind auf Budapest ausgerichtet. Von der Hauptstadt aus kommt man gut in alle Landesteile, auch die Verbindungen von den nächstgrößeren Städten in deren jeweilige Umgebung sind zufriedenstellend. Querverbindungen in der Provinz, ja selbst zwischen den größeren Städten, sind allerdings oft sehr viel ungünstiger: z.B. benötigt man für die 150 km Luftlinie von Szeged nach Pécs über 5 Stunden, weil es keine Direktverbindung gibt. Auch was den Zustand der Waggons und Bahnanlagen angeht, steht es nicht zum besten. Eine Modernisierung der MÁV tut not, wenngleich auch teilweise heruntergekommene Bahnhöfe, schmuddelige Zugabteile und die wahrhaft nostalgischen technischen Einrichtungen auf Touristen einen eigentümlichen Reiz ausüben mögen. Übrigens verkehrt im bergigen Nordosten des Landes sogar noch eine Anzahl Dampfloks!

Die Tarife der MÁV sind zum Glück erfreulich niedrig: 100 km kosten zur Zeit umgerechnet etwa 2,50 DM. Schnellzüge sind etwas teurer. Außerdem gibt es folgende Ermäßigungen: Gruppen ab 6 Personen 25 %, Rentner 33 %, Studenten 50 %, Kinder bis 10 Jahre 50 % und unter 4 Jahren kostenlos. Daneben gibt es Touristen-Zeitkarten für ganz Ungarn (für 7 Tage etwa 40 DM, für 10 Tage etwa 60 DM) und für das Nord- oder Südufer des Balaton (für 7 Tage etwa 10 DM, für 10 Tage etwa 15 DM). Auch das Interrail-Ticket hat volle Gültigkeit, und wer gar mit der Transsibirischen Eisenbahn fahren will, kann seine Fahrkarte bereits ab Budapest ganz besonders preiswert lösen. Für den Fall, daß man aus Mittel- oder Ostungarn seine Heimreise antreten will, kann man Geld sparen, wenn man zunächst nur eine Karte bis zum ungarischen Grenzort löst und dort dann weiter bis zum Heimatort (in Devisen zu zahlen!). Fahrkarten und Informationen aller Art, auch in Fremdsprachen, kann man im MÁV-eigenen Kundendienstbüro in Budapest, Népköztársaság útja 35 (Tel. 22 80 49) bekommen. Wer viel mit dem Zug fahren möchte, kauft dort am besten auch gleich das Kursbuch, das sogar über eine deutschsprachige Zeichenerklärung verfügt (Preis etwa 2,20 DM).

Man tut gut daran, sich vorab auch über die besondere Situation der Budapester Bahnhöfe sowie über die dortigen Vorortbahnen (HÉV) zu informieren (→*Budapest/Praktische Informationen*)!

Die Verständigung bzw. Orientierung auf ungarischen Bahnhöfen ist meist schwierig. Um nicht vollends ins Rätselraten zu verfallen, sollte man die folgenden Vokabeln parat haben: *pályaudvar* (*pu.*) = Bahnhof, *vasútállomás* (*vá.*) = Kleinbahnhof, *menetrend* = Fahrplan, *érkezés* oder *érkező vonatok* = Ankunft (weiße Pläne), *indulás* oder *induló vonatok* = Abfahrt (gelbe Pläne), *vágány* = Gleis, *vonat* = Zug, *gyorsvonat* = Schnellzug, *személyvonat* = Personenzug, *különvonat* = Sonderzug, *vasút* = Eisenbahn, *úttörővasút* = Pioniereisenbahn, *menetjegy* = Fahrkarte, *menettérti jegy* = Rückfahrkarte, *összvonalbérlet* = Netzkarte, *poggyászmegörző* = Gepäckaufbewahrung.

Fahrrad: Wer davon ausgeht, das überwiegend flache Ungarn mit seinen beschaulichen Dörfern sei ein ideales Fahrradland, der wird womöglich bald ein böses Erwachen haben. Sämtliche Hauptverkehrsstraßen mit 1stelligen Nummern (→*Verkehr*) sind für Radfahrer verboten. Die 2stelligen haben keine Fahrradwege und sind meist auch schmal und stark befahren (außer im Osten). Man wird also auf die 3stelligen und die nicht numerierten Straßen ausweichen müssen, die dafür oft durch sehr idyllische Landschaften führen und eine Radtour durchaus lohnend werden lassen. Dazu ist eine gute Straßenkarte oder besser Bezirkskarte unerläßlich (→*Karten*). In einigen Touristenorten kann man Fahrräder leihen. Bei IBUSZ kann man den Prospekt ,,Mit dem Fahrrad durch Ungarn'' anfordern (→*Touristeninformation*).

Flugzeug: Budapest-Ferihegy ist der einzige internationale Flughafen Ungarns. Von Inlandsflugverkehr kann kaum die Rede sein. Notwendig ist das in dem kleinen Land auch nicht. Die ungarische Fluggesellschaft MALÉV hat ein Informations- und Ticketbüro in Budapest: Dorottya utca 2, Tel. 18 43 33 (beim Vörösmarty tér).

Schiff, Fähre: Der regelmäßige Schiffsverkehr auf dem Balaton sowie auf den Flüssen Donau (Duna) und Theiß (Tisza) ist von großer touristischer Bedeutung. Die Linienschiffe fahren, wetterabhängig, vom Frühjahr bis in den Spätherbst.

Balaton: Verbindungen zwischen fast allen größeren Orten am Seeufer. Der Preis für die etwa 3 1/2-stündige Fahrt von Balatonboglár nach Siófok ist etwa 1,50 DM pro Person; Unterbrechungen möglich. Von Tihany (Tihanyrév) gibt es eine Autofähre nach Szántódrév am Gegenufer: alle 40 bis 60 Minuten. Information bei MAHART (oder M.H.R.T.) in Siófok an der Anlegestelle, Tel. 1 00 50 oder in Balatonföldvár, Tel. 4 03 04.

Donau: Außer den Tragflügelbooten von und nach Wien (→*Anreise*) gibt es Ausflugsdampfer von Budapest nach Szentendre, Visegrád und Esztergom. Fahrzeit bis Esztergom knapp 5 Stunden. Auch donauabwärts kann man fahren, und zwar bis Mohács. Zuständig ist ebenfalls das ungarische Schiffahrtsunternehmen MAHART, Informationen und Tickets an folgenden Anlegestellen an den Budapester Donauufern: Belgrád rakpart 2; Vigadó tér (Tel. 18 12 23); Bem tér. Daneben unterhalten die Budapester Verkehrsbetriebe (BKV) im Stadtbereich einschließlich der Csepel-Insel 5 Schiffahrtslinien. Autofähren über die Donau sind in Ungarn zahlreich, denn nicht überall sind Brücken in Reichweite.

Theiß: Ausflugsdampfer kann man unter anderem in Szeged und Szolnok besteigen. Es existieren auch einige Autofähren.

Vokabeln: *komp* = Fähre, *hajó* = Schiff, *hajóállomás* = Schiffsanlegestelle, *kikötő* = Hafen.

Touristisches Vorzeigeobjekt: Dorfkirche im vollständig restaurierten Ort Hollókö ▶

Überlandbus: Das staatliche Busunternehmen VOLÁN fährt in alle Ortschaften mit mehr als 200 Einwohnern und stellt damit die ideale Ergänzung zum Eisenbahnnetz dar. Jeder größere Ort hat einen Bushof; in der Regel gibt es dort auch einen Informationsschalter. In Budapest wende man sich an VOLÁNTOURIST, Október 6. utca 11-13 oder MÁVAUT, Erzsébet tér (Tel. 17 29 66 und 17 25 11). Die Fahrpreise liegen bei rund 5 Pfennig pro Kilometer, für Kinder von 4 bis 10 Jahren die Hälfte. Es gibt auch Zeitkarten für 1 oder 3 oder 10 Tage mit Preisnachlaß (erhältlich auch in den IBUSZ-Reisebüros).

Während die gelben VOLÁN-Busse den Regionalverkehr im Inland abwickeln, befahren viele der komfortableren weiß-gelb-roten VOLÁN-Busse zahlreiche Auslandslinien, teilweise saisonal: nach Krakau, Venedig, München, Dubrovnik, Bratislava, Graz, Helsinki, Stockholm, Opatija, Subotica, Rovinj, Wien, Zakopane und zu ungarischen Grenzorten. Auffällig ist, daß es zur Zeit offensichtlich keine Linien in die Sowjetunion, nach Bulgarien und nach Rumänien gibt (in letzterem Falle muß die politische Entwicklung abgewartet werden). Die meisten dieser Busse starten morgens vor 7 h in Budapest am Bushof Erzsébet tér. Ein Beispiel: nach München, Abfahrt 6.30 h oder 21.00 h, Fahrtdauer 10-11 Stunden, Preis knapp 100 DM (in Devisen!).

Stadtverkehrsmittel: Die Städte Budapest, Miskolc, Debrecen und Szeged haben eigene Verkehrsbetriebe für den Stadtverkehr: in Miskolc mit Bus und Straßenbahn, in Debrecen und Szeged mit Obus und Straßenbahn und in Budapest mit einer erstaunlichen Vielzahl von Verkehrsmitteln (Bus, Obus, Straßenbahn, zwei Metro-Systeme, Vorortbahnen, Standseilbahn, Zahnradbahn, Sessellift, Donauschiff, dazu die MÁV-eigene Pioniereisenbahn). Die Farbgebung dieser Verkehrsmittel ist in allen vier Städten dieselbe: Busse dunkelblau, Obusse rot und Straßenbahnen gelb.

Den Stadtverkehr in allen anderen Städten besorgt das Überlandbusunternehmen VOLÁN mit, in größeren Orten auch mit Liniennummern. Für knapp 1 DM kann man regionale oder städtische Fahrplanhefte kaufen, die allerdings in der Regel nur auf Ungarisch verfaßt sind (Vokabeln dazu siehe unten). Eine gute Orientierung bieten die in Ungarn erhältlichen Stadtpläne, die meistens auch die Streckenverläufe der öffentlichen Verkehrsmittel wiedergeben. Wegen der Vielzahl der Linien gibt das Budapester Verkehrsunternehmen BKV zusätzlich einen vereinfachten Stadtplan mit farbiger Linieneinzeichnung und mehrsprachigen Hinweisen heraus (*BKV vonal-hálozati térképe*), erhältlich an den Fahrscheinkiosken an größeren Verkehrsknotenpunkten in der Stadt.

Die Fahrpreise sind niedrig: etwa 0,20 DM pro Fahrt beliebiger Länge innerhalb des Stadtgebietes. Beim Umsteigen muß jeweils ein neuer Fahrschein entwertet werden (Lochapparate in den Fahrzeugen). Beim Fahrer können grundsätzlich keine Fahrscheine gelöst werden, deshalb sollte man an einer Fahrscheinbude, am Automaten oder in einem Tabakladen einen kleinen Vorrat kaufen! Es gibt in Budapest auch sehr billige Tagesnetzkarten. Schwarzfahren ist also wohl kein Thema, aber Kontrolleure gibt es durchaus.

Und noch etwas: sofort nach dem Besteigen eines Budapester Stadtbusses gut festhalten! Die an sich modernen Busse werden von den Fahrern nicht gerade zimperlich behandelt; durch starke Beanspruchung sehen sie oft ziemlich abgewirtschaftet aus. Auf Kopfsteinpflasterstrecken werden sie zu argen ,,Knochenbrechern''. Dasselbe gilt sinngemäß für die ältlichen Straßenbahnzüge in Miskolc, Debrecen und Szeged, die teilweise auf miserablem Gleisunterbau vorwärtsrattern. Will man an einer Haltestelle aussteigen, so muß man in Bussen und Obussen einen Signalknopf drücken; alle anderen Stadtverkehrsmittel halten grundsätzlich an jeder Haltestelle. Im Stadtverkehr gibt es übrigens keine festgelegten Abfahrtszeiten: zwischen erster und letzter Fahrt verkehren die Fahrzeuge in relativ kleinen Zeitabständen; ist ein Fahrzeug zu voll, dann wartet man eben auf das nächste!

Wichtige Wörter: *autóbusz* = Omnibus, *trolibusz* = Obus, *villamos* = Straßenbahn, *menetrend* = Fahrplan, *napijegy* = Tageskarte, *járat* oder *vonal* = Linie, *különjárat* = Sonderfahrt, *villamospótló* = Schienenersatzverkehr (durch Busse), *megállóhely* = Haltestelle, *végállomás* (*vá.*) = Endstation, *MÁV-pályaudvar* = Bahnhof, *első kocsi* = erste Fahrt (morgens), *utolsó kocsi* = letzte Fahrt (nachts), *...következő* = folgende (Haltestelle mit Namen).
→*jeweilige Ortschaften*

Taxi: Man erkennt Taxis in Ungarn nicht an einer einheitlichen Farbe, sondern meist an unmißverständlichen Aufklebern auf den Türen oder an einem Taxi-Schild auf dem Dach. Es gibt auffällig viele Taxis; ob ihre Zahl aber ausreicht, ist schwer zu sagen. Die Tarife sind niedrig, so daß man statt eines Leihwagens vielleicht ein Taxi nimmt. Man sollte sich vor der Fahrt knapp über den Fahrpreis verständigen, in der Regel ist aber ein Taxameter vorhanden. Das Taxifahren ist nach der Wiederzulassung privater Kleinunternehmer ein verbreiteter Zweit- bzw. Feierabendjob geworden. Deshalb sollte man die Dienstleistung mit den üblichen 10 bis 15 % Trinkgeld honorieren. Einige Taxi-Rufnummern in Budapest: 1 22 22 22 (Főtaxi), 1 66 66 66 (Volántaxi), 1 22 88 55 (CityTaxi); längerfristige Vorbestellungen unter 1 18 88 88.

Trampen: In manchen Reiseführern hält sich hartnäckig die Warnung, daß das Trampen in Ungarn verboten sei. Richtig ist jedoch das Gegenteil. Natürlich gilt auch in Ungarn, daß man seinen Daumen nicht im Halteverbot oder an der Autobahn herausstrecken darf. Die Chancen, mitgenommen zu werden, sind an den Landstraßen einigermaßen gut.

Reisezeit →*Klima*

Religion

63 % der Bevölkerung sind katholisch, 24 % protestantisch (erheblich mehr Kalvinisten als Lutheraner), 3 % orthodox (meist Serben) und etwa 0,5 % jüdisch. Seit 24.01.1990 ist die Religionsfreiheit wieder in der Verfassung verankert, die Autonomie der Kirchen garantiert und der Religionsunterricht an Schulen wieder zugelassen. Vom 16. bis zum 20.8.1991 hat der Papst sich in Ungarn aufgehalten.

Restaurants

Wenn man irgendwo, auch im Ausland, essen gehen will, braucht man normalerweise nur nach der Aufschrift ,,Restaurant'' Ausschau zu halten. Nicht so in Ungarn! Wie bei vielen anderen Hinweisen, die sonst international verständlich sind, muß man sich in Ungarn mit einheimischem Vokabular ,,herumplagen'': *étterem* = Restaurant, *vendéglő* = Gaststätte, *fogadó* = einfacher Gasthof, *csárda* = Dorfschenke (Gartenlokal), *szálló* oder *szálloda* = Hotel, *ételbar* = Imbißstube, *bisztró* = Bistro, *önkiszolgáló* = Selbstbedienung, *cukrászda* = Konditorei, *kávéház* = Café, *eszpresszó* = Kaffeebar, *borozó* = Weinstube, *söröző* = Bierstube, *pince* = Keller.

Die Restaurants sind in drei Klassen eingeteilt, dabei nimmt die Qualität von der 1. zur 3. Klasse ab (angeschrieben meist ,,II. o.'' oder ,,II. osztályu'' beispielsweise für 2.Klasse). Besonders noble Restaurants stehen außerhalb dieser Einteilung. Die 2.Klasse ist die bei weitem häufigste. Hier kostet ein Hauptgericht etwa 3 bis 5 DM, eine Suppe etwa 1 DM, eine 0,5 Liter-Flasche Bier etwa 1,50 DM, eine Tasse Kaffee (Espresso) etwa 0,50 DM. Teuerste Hauptgerichte kosten etwa 12-15 DM. In Budapest, besonders an der Fischerbastei, sind die Preise zum Teil wesentlich höher; ebenso am Balaton. Die Speisekarte (*étlap*) ist in den letzten Jahren in touristisch bedeutsamen Restaurants auch oft zweisprachig (Ungarisch/Deutsch); allerdings ist der deutsche Text manchmal abenteuerlich formuliert, durchsetzt mit altmodischen oder schwerverständlichen österreichischen Ausdrücken.

Die Atmosphäre der Restaurants variiert naturgemäß stark, nicht selten findet man einen Abglanz typischer Salons vom Anfang des Jahrhunderts vor. Obwohl man in Ungarn vornehmes Verhalten liebt, ist es kaum nötig, beim Betreten eines besseren Lokals auf besondere Kleidung zu achten. Oft steht

sogar die Straßenkleidung der Gäste in krassem Widerspruch zum Interieur der Speisesäle. In sehr vielen Restaurants und Gaststätten spielt allabendlich ein Zigeunerorchester (→*Bevölkerung*). Die Kellner sind selten besonders diensteifrig, es sei denn, sie vertrauen beim West-Touristen auf ein entsprechendes Trinkgeld. Das ist bei dem schlechtbezahlten Job zwar verständlich, aber man sollte dieses Verhalten nicht noch fördern: 10 % Trinkgeld sind hinreichend und üblich! Besser, oft sogar ausgesprochen zuvorkommend, wird man in privaten oder von Privatpersonen gepachteten Gaststätten bedient, die manchmal an originellen Hinweisschildern oder Einrichtungen erkennbar sind. Andererseits bedeutet eine schäbige Fassade noch lange nicht, daß es sich um ein schlechtes Restaurant handeln muß. Inzwischen gibt es in Budapest auch schon Filialen einer amerikanischen Fast-Food-Restaurantkette sowie die ungarische Konkurrenz dazu; beide mit Preisen von etwa 40 % der in Westeuropa üblichen. — Die Essenszeiten: etwa 7-10 h Frühstück, 12-15 h Mittagessen und 19-21 oder gar 22 h Abendessen.
→*Essen und Trinken*

Salgótarján (N-Ungarn, Nordungarisches Mittelgebirge)

Aus einem kleinen Dorf am Rande des Cserhát-Gebirgszuges unweit der tschechoslowakischen Grenze entstand in kürzester Zeit die heutige Stadt Salgótarján (49 000 Einw.). Wichtigster Entwicklungsimpuls war die Entdeckung der Braunkohlevorkommen im Jahre 1840; es folgten ein Stahlwerk, eine Glashütte und einige weiterverarbeitende Betriebe. Das überwiegend ,,moderne'' Stadtbild (Wohnblocks, Industriegebiete) ist für Touristen reizlos, zumal eine Feuersbrunst (1821) und zwei Hochwasserkatastrophen die wenigen Kunstdenkmäler vernichtet haben.

Die Landschaft und einige Dörfer des Bezirks Nógrád, als dessen Hauptstadt Salgótarján fungiert, lohnen aber durchaus einen Abstecher: man fährt vorbei an bewaldeten Bergen, riesigen Sonnenblumenfeldern und kleinen Flüssen (Landstraßen 22, 23, 24, 25). Hauptattraktion ist das vollständig unter Denkmalschutz stehende Palozendorf **Hollókő** mit einer oberhalb gelegenen bizarren Burgruine; der Ort wurde 1988 von der UNESCO zum ,,Teil des kulturellen Welterbes'' ernannt. In **Balassagyarmat** gibt es ein Palozenmuseum, das sich intensiv mit der größten Volksgruppe Nordungarns beschäftigt. **Buják** ist bekannt für seine Volkstrachten; außerdem steht hier eine Burgruine. Die Burgruine von **Somoskő** liegt bereits auf dem Territorium der ČSFR (Besichtigung möglich mit einem Führer des Fremdenverkehrsamtes Salgótarján; Adresse siehe unten). **Kisterenye** ist ein Bergbauort inmitten dieser schönen Gegend; die planmäßige, gartenstadtähnliche Anlage der Wohnsiedlungen scheint hier besser gelungen zu sein als andernorts in Ungarn.

Salgótarján / Praktische Informationen

Ärztliche Versorgung: *Apotheke* am Tanácsköztársaság tér 19. *Ambulatorium* an der Vörös Hadsereg út 64.

Autoservice: Autoclub MAK auf der Bajcsy-Zsilinszky út. Tankstelle auf der Csokonai út.

Camping: ,,Strand Kemping'' an der Straße 21 zur tschechoslowakischen Grenze (Tel. 1 11 68; Kat. II; geöffnet 15.4. bis 15.10.; Freibad und Motel in der Nähe). Im Raum Pásztó gibt es einen weiteren Platz (Tel. 5 99; Kat. II; geöffnet 1.4. bis 15.10.; von der Straße 21 etwa bei km-Stein 25 abbiegen!).

Einkaufen: Außer in Salgótarján gibt es auch noch in Balassagyarmat und in Szécsény hinreichende Einkaufsmöglichkeiten.

Post: Vörös Hadsereg út 1, Telefonvorwahl 32.

Touristeninformation: Nógrád Tourist (Fremdenverkehrsamt), 3101 Salgótarján, Palócz tér 3, Tel. 1 06 60. — IBUSZ, Tanácsköztársaság tér 9, Tel. 1 12 02. — Express-Jugendreisebüro, Mérleg utca 5, Tel. 1 07 57.

Unterkunft: Hotel ,,Karancs'', Tanácsköztársaság tér 21, (Tel. 1 00 88, Kat. B).

Sárospatak (NO-Ungarn, Nordungarisches Mittelgebirge)

Die Kleinstadt Sárospatak (16 000 Einw.) am Südrand des vulkanischen Zempléner Gebirges, an einer Biegung des Flusses Bodrog, spielte jahrhundertelang eine große Rolle in der ungarischen Geschichte. Heute ist Sárospatak ein beliebter Ausflugsort in der Nähe des berühmten Weinbaugebietes Tokajhegyalja (→ *Tokaj*).

Sárospatak / Geschichte

Bereits im 11. Jahrhundert gab es hier eine königliche Residenz. Der Ausbau zur Stadt erfolgte durch wohlhabende italienische Familien im 12. Jahrhundert. Im Jahre 1616 gelangte Sárospatak in den Besitz der Familie Rákóczi und wurde in der Folgezeit häufig Schauplatz politischer Handlungen. Als Mittelpunkt des Freiheitskampfes gegen die Habsburger (Österreich) unter Ferenc Rákóczi II. wurde die Burg 1702 auf Veranlassung des Wiener Hofes gesprengt, aber 1737 als Barockbau neu errichtet. Auch im kulturellen Leben Ungarns hatte Sárospatak einige Bedeutung: am 1531 gegründeten Reformierten Kollegium lehrte von 1650 bis 1655 der berühmte böhmische Humanist J. A. Komensky (Comenius). Auf Druck der Gegenreformation mußte der Lehrbetrieb dann bis 1703 nach auswärts verlegt werden. Berühmt gewordene Studenten des Kollegiums waren u.a. Ferenc Kazinczy (Sprachwissenschaftler), Lajos Kossuth (Staatsmann) und Zsigmond Móricz (Schriftsteller).

Sárospatak / **Sehenswürdigkeiten**

Unbedingt ansehen sollte man sich natürlich das mächtige *Burgschloß*, einst Stammsitz der Familie Rákóczi. Es liegt in einem Park unweit des Bodrog-Ufers. Der älteste Gebäudeteil, der sogenannte *Rote Turm* (*Vörös torony*), stammt aus dem 15. Jahrhundert, nach manchen Quellen gar aus dem 13. Jahrhundert. Man betritt den Turm über eine hölzerne Brücke. Innen gibt es ein Rákóczi-Museum, eine kirchengeschichtliche Ausstellung und einen sehr sehenswerten Renaissancesaal, als Großer Palast bezeichnet. Vom freien Obergeschoß aus hat man Aussicht auf die Burganlage, die Stadt und die Umgebung. Weiterhin kann man im Keller des Schloßgebäudes eine Ausstellung zum Tokajer Weinbau besuchen.

Der Komplex des berühmten *Reformierten Kollegiums* liegt in der Rákóczi út. Die wertvolle Bibliothek enthält über 200 000 Bände. Vor der Hauptfassade erstreckt sich eine *Anlage mit Statuen* berühmter Kollegiumsabsolventen.

Sárospatak / **Praktische Informationen**

Camping: ,,Tengerszem Kemping'', Herceg út 2, Tel. 1 17 53 (Kat. I; geöffnet 1.4. bis 10.10.; Thermalbad in der Nähe). Im Grenzort Sátoraljaújhely gibt es eine provisorische Campingmöglichkeit beim Touristenhaus, Várhegy utca 10, Tel. 2 11 64 (geöffnet 15.4. bis 15.10).

Touristeninformation: Borsod Tourist (Fremdenverkehrsamt), 3950 Sárospatak, Kossuth utca 46, Tel. 1 10 73. — IBUSZ, Kossuth utca 50, Tel. 1 16 20. — Express-Jugendreisebüro in 3980 Sátoraljaújhely, Kossuth tér 22, Tel. 16 21.

Unterkunft: Hotel ,,Borostyán'', Kádár K.utca 28 (Tel. 1 16 11; Kat. B) und Hotel ,,Bodrog'', Rákóczi utca 58 (Tel. 1 17 44).

Verkehrsverbindungen: 247 Straßen-km von Budapest. — Bahnverbindung nach Miskolc und Sátoraljaújhely. — Internationaler Grenzübergang in die Tschechoslowakei am Ortsende von Sátoraljaújhely.

Schecks →*Geld*
Schiffsverbindungen →*Anreise, Reisen im Land*

Sehenswürdigkeiten (Übersicht)

Viele Leute stellen die Frage: Lohnt es sich denn überhaupt, nach Ungarn zu reisen? Außer *Budapest*, *Plattensee und Puszta* fallen ihnen keine weiteren Ortsbegriffe ein. Beim Blick auf die Landkarte fühlt man sich dann auch noch bestätigt: keine Meeresstrände und keine Inseln, keine höheren Gebirge, sehr wenig Waldgebiete — und dann diese ebenso unaussprechlichen wie nichtssagenden Ortsnamen! Was darf man da schon erwarten?

Ist Ungarn also nur Budapest und ansonsten öde Provinz? Wertfrei betrachtet trifft diese Zweiteilung durchaus zu. Aber wahrscheinlich kann gerade Ungarn zeigen, daß Provinz nicht unbedingt öde sein muß, sondern äußerst reizvoll und einladend sein kann. Im folgenden nun ein Überblick über landschaftliche und architektonische bzw. städtebauliche Höhepunkte, allesamt zwar nicht weltberühmt, aber doch sehr sehenswert, ohne strapaziös zu sein!

Neben einer Reihe kleinerer unbekannter **Seen** sind der Balaton (Plattensee) als größter See Mitteleuropas und der Velence-See hervorzuheben, beide mit starkem Badebetrieb. In der Nähe dieser Seen und auch in vielen anderen Landesteilen gibt es bedeutende **Kurorte**, die fast immer auf Thermalquellen basieren: z.B. Hévíz, Bük, Hajdúszoboszló, Harkány. Es gibt auch einige interessante **Tropfsteinhöhlen**, darunter das insgesamt 23 km lange Höhlensystem von →*Aggtelek* im Slowakischen Karst, das Höhlenbad in →*Miskolctapolca*, die Höhle von Abaliget bei →*Pécs* oder die Pálvölgyer Tropfsteinhöhle am Westrand der Budapester Innenstadt. Das einst viel ausgedehntere Landschaftsbild der →*Puszta* wurde in zwei riesigen **Nationalparks** unter Schutz gestellt. Zu Nationalparks erklärt wurden auch einige verschilfte Seen und Moore: z.B. Kis-Balaton bei Keszthely, Baláta-tó bei Csurgó, Fehér-tó bei Szeged, Mohos-tavak bei Ózd (alle nicht frei zugänglich!). Im übrigen sind die einzelnen Landschaftsregionen Ungarns (Mittelgebirge, Hügelland, Ebene) auch ohne konkrete Sehenswürdigkeiten stellenweise eine Augenweide, ideal zum geruhsamen Durchfahren (→*Geographie*).

Beeindruckende **Ortsbilder** findet man im ganzen Land: die zahlreichen Barockbauten in →*Eger*, die Altstadt von →*Győr*, die Hügellage von →*Veszprém*, die herausgeputzten Gassen von →*Szentendre*, das malerische Dorf Hollókő. Wo es nicht komplette Ortsbilder sind, die den Besucher faszinieren, dort sind es einzelne hervorstechende **Bauwerke** oder auch **Straßenzüge**: so die Burgen, Schlösser oder Ruinen in Fertőd, Gödöllő, →*Gyula*, →*Kőszeg*, →*Sárospatak*, Visegrád und vielen weiteren Orten; **Kirchen, Kathedralen, Klosteranlagen** in →*Debrecen*, →*Eger*, →*Esztergom*, Pannonhalma, →*Pécs*, →*Sopron*, →*Szeged* und vielen weiteren Orten; letztlich die **Rathäuser, historischen Wohnhäuser und andere Zweckbauten** mit architektonischem Reiz, z.B. Jugendstilfassaden in →*Kecskemét* und →*Szeged* sowie die zahllosen Sehenswürdigkeiten aller Art in →*Budapest*, die eigens eine Städtereise rechtfertigen. Auch mit **Museen, Galerien und Ausstellungen** ist Ungarn reich gesegnet: an dieser Stelle seien nur das Hirtenmuseum und die Puszta-Ausstellung in

→*Hortobágy*, das Porzellanmuseum in Herend oder die **Museumsdörfer** (Frei-
lichtmuseen, Skansen) in →*Szombathely*, →*Zalaegerszeg* und →*Szentendre*
genannt.

Wenn trotz der Vielzahl von Sehenswertem eine Region Ungarns unerwähnt
bleibt, dann ist es der äußerste Osten zwischen Nyíregyháza und der sowjetischen Grenze: hier spielt der Besichtigungstourismus (bislang) keine Rolle
— aber darin liegt auch eine Chance für interessierte Individualreisende.
Eine abwechslungsreiche Rundreise durch das Land könnte etwa folgenden
Verlauf nehmen: Sopron — Fertőd — Győr — Tata — Esztergom — Szentendre — Budapest — Eger — Miskolc — (ggf. Aggtelek) — Tokaj — Nyíregyháza — Debrecen — Hortobágy — Kecskemét oder Gyula — Szeged — Baja
— Pécs — Balaton — (ggf. Veszprém oder Székesfehérvár) — Szombathely
— Kőszeg.

Siófok →*Balaton*

Fühlen sich, kulturell gesehen, zutiefst als Mitteleuropäer — die Ungarn

Sopron (NW-Ungarn, Alpenvorland)

Die hübsche Kleinstadt Sopron (56 000 Einw.) am Fuße der Lövér-Hügel bedeutet für die meisten Balaton-Urlauber Grenzstation und erste Bekanntschaft mit Ungarn. Kaum jemand wird sich dem Reiz des vollständig erhaltenen Stadtkerns entziehen können. Sopron gehört zu den beliebtesten Ausflugszielen des Landes. Allerdings herrschen im Hochsommer oft Gedränge und Parkplatzmangel, weil nach langen Wartezeiten am Grenzübergang eine anschließende Besichtigungspause im Ort so attraktiv ist.

Sopron / **Geschichte**

Schon zur Zeit der Kelten gab es hier eine Siedlung, die sich unter den Römern als Schnittpunkt zweier Handelsstraßen weiter vergrößerte. Die Stadtrechte wurden bereits 1277 verliehen. Mongolen- und Türkenherrschaft blieben der Stadt erspart. Die mittelalterlichen Gebäude und die späteren Barockbauten zeugen vom einstigen Wohlstand. Die Bewohner von Sopron entschieden sich 1921, nach dem Zerfall der Donaumonarchie, für den Anschluß an Ungarn (Beiname „civitas fidelissima"). Die Beziehungen zu Österreich sind jedoch heute noch, oder schon wieder, eng. — Ehemaliger deutschsprachiger Ortsname: Ödenburg.

Sopron / **Sehenswürdigkeiten**

Unter den zahlreichen Baudenkmälern in der Altstadt ragt besonders der 61 m hohe *Stadtturm* (*várostorony*) heraus, der auch Feuerturm genannt wird. Er wurde im Mittelalter an der Stelle eines einstigen römischen Stadttores errichtet. Der obere Teil in seiner heutigen Form stammt von 1680-82. Wer den Turm besteigt, genießt einen wunderbaren Rundblick über Stadt und Umgebung. Im unteren Teil des Turmes sind historische Stadtansichten ausgestellt, außerdem gibt es einen Ausgang zu einer Caféterrasse.

Durch das Tor des Stadtturms kommt man auf den Beloiannisz tér, einen repräsentativen Platz in der Altstadt. Besonders beachtlich sind das *Storno-Haus* (Nr. 8) mit seiner Kunstsammlung und das *Fabricius-Haus* (Nr. 6), in dessen Keller römische Funde untergebracht sind. Im Haus Nr. 2 ein *Apothekenmuseum*. Das *Gambrinus-Haus* (Nr. 3) war im 15. Jahrhundert das Rathaus der Stadt. Das heutige *Rathaus* (*városháza*) steht unübersehbar beim Stadtturm. Im übrigen gibt es hier noch zwei vornehme und meist überlaufene Straßencafés.

Etwas ruhiger ist es in den teilweise autofreien Nebenstraßen. In der Templom utca stößt man auf das ehemalige *Franziskanerkloster* aus dem 13. Jahrhundert. In der Új utca kann man die heutige *Synagoge* besichtigen (Haus

Nr. 22); die alte Synagoge (Nr. 11) wird als Wohnhaus genutzt. Seit der Vertreibung der Juden im Jahre 1526 bis zum Ende des Zweiten Weltkrieges hatte es in Sopron keine Synagoge gegeben; erst bei der Renovierung des Hauses Nr. 11 vor gut 30 Jahren erkannte man dessen ursprüngliche Funktion. Weitere sehenswerte Häuser im Bereich der Altstadt sind u.a. Szent György utca 12 und 16, an der äußeren Ringstraße Lenin körút 29. An dem alleeartigen Május 1. tér, in einem kleinen Park, schließlich das *Liszt-Ferenc-Museum* (Erinnerungsausstellung zu Ehren des Komponisten Franz Liszt). Eine gute Aussicht auf Sopron, den nahen Neusiedler See und die östlichsten Ausläufer der Alpen hat man von der 398 m hohen *Karlshöhe (Károly-magaslat)* in den Lövér-Hügeln nördlich der Stadt.

Sopron / Umgebung

Wer von Sopron in Richtung Győr fahren will, sollte anstelle der Landstraße 85 besser die Nebenstrecke am **Neusiedler See (Fertő-tó)** entlang wählen (in Sopron Richtung Balf!): man blickt unterwegs über den scheinbar völlig verschilften See, hin und wieder sind Grenzwachttürme zu sehen. Im Dorf **Fertőd** trifft man unerwartet auf das größte Barockschloß Ungarns (erbaut 1764/65); hier besaß die Fürstenfamilie Eszterházy einst große Ländereien. Man kann im Schloß sogar übernachten; gegenüber vom Eingang ist ein Café. Wer in Balf nach Norden abzweigt, erreicht bald das Dorf **Fertőrákos**: hier kann man einen römerzeitlichen Steinbruch (*kőfejtő*) besichtigen, dessen riesige Hohlräume den Eindruck eines Felsentempels vermitteln (innen naturkundliche Ausstellung; Höhlenbühne). In **Nagycenk** verkehrt eine Pionierbahn, außerdem gibt es ein kleines Eisenbahnmuseum und ein Széchenyi-Schloß.

Sopron / Praktische Informationen

Ärztliche Versorgung: *Apotheken* an der Lenin körút 29 und am Széchenyi tér.
Autoservice: Tankstellen am Ortsrand an der Straße 84 zum Balaton (auch bleifreies Benzin; durchgehend geöffnet); dort auch Werkstatt.
Bademöglichkeiten: Schwimmbad in der Szabadság körút; Schwefelthermalbad in Balf (5 km südöstlich). Im Neusiedler See kann man auf ungarischer Seite nicht baden!
Camping: "Lövér Kemping" (Tel. 1 17 15; Kat. II; geöffnet 15.4. bis 31.10.) liegt an der Straße nach Magyarfalva auf einer bewaldeten Anhöhe südlich der Stadt. „Ózon Kemping" in Sopronbánfalva, Erdei malomköz 10, Tel. 1 62 48 (an der Straße nach Brennbergbánya; schöne Lage im Wald). Kleiner Privatplatz in Hegykő (Kat. II; geöffnet 1.5. bis 30.9.) an der Nebenstraße von Sopron nach Fertőd.

Einkaufen: Für viele Österreicher ist Sopron ein beliebtes Einkaufsziel. Deshalb sind die Preise, soweit sie nicht einheitlich festgesetzt sind (z. T. bei Lebensmitteln), eher höher als weiter drinnen im Lande. Besonders Souvenirs oder Obst und Gemüse an Straßenständen außerhalb des Ortes sind überteuert.

Essen und Trinken: Einige bessere Restaurants am Fő tér und Beloiannisz tér (beim Stadtturm), einfachere im Bereich der Ringstraße.

Sportmöglichkeiten: Eisbahn am Ifjúság tér; im Winter Ski- und Rodelmöglichkeiten an der Karlshöhe.

Touristeninformation: Ciklámen Tourist (Fremdenverkehrsamt), 9400 Sopron, Ógabona tér 8, Tel. 1 20 40 und 1 20 41. — IBUSZ, Lenin körút 41, Tel. 1 32 81. — Express-Jugendreisebüro, Mátyás király utca 7, Tel. 1 20 24.

Unterkunft: Preisgünstig sind die Hotels ,,Pannónia'' (Lenin körút 73, Tel. 1 21 80; Kat. B) und ,,Lokomotiv'' (Szabadság körút 1, Tel. 1 41 80; Kat. B). Es werden auch Privatzimmer vermittelt. Während der Saison stehen Schlafmöglichkeiten in Studentenwohnheimen zur Verfügung, z.B. in der Lackner K. utca 7 oder Ady Endre utca 5.

Verkehrsverbindungen: 210 Straßen-km von Budapest. — Der Bahnhof liegt am Ende der Mátyás király utca: Züge nach Győr, Budapest, Szombathely und andere Orte. Ab Sopron verkehrt auch die Raab-Oedenburg- Ebenfurther Eisenbahn (ROeEE; ungarisch GySEV = Győr-Sopron-Ebenfurti Vasút), eine auf zwei Staatsgebieten verkehrende Eisenbahn im Bereich des Neusiedler Sees, die bereits 1879 ihren Betrieb aufnahm und alle Kriege samt neuer Grenzziehungen überstand. Nähere Informationen, auch Oldtimerfahrten betreffend, erteilt: Betriebsleitung der ROeEE, Bahnhofplatz 5, A-7041 Wulkaprodersdorf, oder Lokomotivtourist, Mátyás király utca 19, H-9400 Sopron. Seit 1990 gibt es auch wieder eine Eisenbahnverbindung von Fertőszentmiklós nach Neusiedl am See. — Überlandbusse ab Sopron nach Győr, Kőszeg, Szombathely sowie in die Dörfer Fertőd und Fertőrákos. — Zwei internationale Straßengrenzübergänge nach Österreich: einer nordwestlich von Sopron (Richtung Eisenstadt — Wien), der andere in Kópháza (Richtung Oberwart — Graz).

Sport

Es gibt viele Möglichkeiten, sich während eines Ungarn-Aufenthaltes sportlich zu betätigen. Dabei stößt man auf Schwerpunkte der einen oder anderen Sportart in den verschiedenen Landesteilen.

Angeln: Man muß sich im lokalen Touristenbüro für eine Gebühr von etwa 5 DM pro Tag eine Angellizenz besorgen. Dort sollte man sich auch nach Einschränkungen erkundigen. Angeln ist bei den Einheimischen eine sehr beliebte Freizeitbeschäftigung; auch als Ausländer stehen einem zahlreiche natürliche Gewässer zur Verfügung. Weitere Informationen über den *Landesverband ungarischer Angler* (*MOHOSZ*), Október 6. utca 20, Budapest V, Tel. 32 53 15. Auch eine Anfrage bei IBUSZ im Heimatland lohnt (→ *Touristeninformation*).

Jagd: Die Jagdmöglichkeiten in den ungarischen Mittelgebirgen sind ausgesprochen gut und werden alljährlich auch von vielen ausländischen Jägern genutzt. Neben Großwild gibt es auch eine Vielzahl in Frage kommender Vogelarten. Die Vorschriften können hier nicht im einzelnen aufgeführt werden; insbesondere gilt es, die Einfuhrbestimmungen für Jagdwaffen zu beachten. Zuständig ist der *Landesverband ungarischer Jäger* (*MAVAD*), Úri utca 39, Budapest I, Tel. 53 23 58. Im Heimatland wende man sich ebenfalls an IBUSZ.

Radfahren: → *Reisen im Land*

Reiten: Im traditionellen Reiterland Ungarn kann auch der Tourist vielerorts aufs Pferd steigen. Es gibt mehrere bekannte Gestüte: in Tata (bei Tatabánya),

Nicht nur hübsch anzusehen, sondern auch sehr wichtig für Ungarns Wirtschaft: die Schafzucht

Szilvásvárad (bei Eger), Szántódpuszta und Keszthely (am Balaton), Sümeg (nördlich des Balaton), Nagyvázsony (bei Veszprém), Máta (in der Hortobágy-Puszta westlich von Debrecen), Visegrád (bei Esztergom), um nur einige zu nennen. Man kann Reitkurse belegen, Kutsch- und Planwagenfahrten unternehmen, Rennen besuchen oder an mehrtägigen organisierten Ausritten teilnehmen, z.B. in die Puszta. Reitstunden sind für 8-10 DM zu haben. Informationen über *Pegazus Tours*, Károlyi M. utca 5, Budapest V, Tel. 17 15 62, oder bei IBUSZ.

Skilaufen: Wintersport spielt in Ungarn nur eine untergeordnete Rolle. Man kann aber ohne den üblichen Pistenrummel in einigen Gegenden wunderbar Ski laufen: im Mátra-Gebirge, im Bükk-Gebirge sowie in den Piliser und Budaer Bergen (János-hegy). Informationen beim *Ungarischen Skiverband* (*Magyar Sí Szövetség*), Rosenberg házaspár utca 1, Budapest V.

Tennis: Es gibt nicht sehr viele Plätze; etliche größere Hotels bieten ihren Gästen Möglichkeiten. Da der Tourismus in den letzten Jahren stark zugenommen hat, wird sich die Situation wohl in absehbarer Zeit bessern.

Wandern: In den gebirgigen Landesteilen (vor allem Nordosten und Bakony-Gebirge am Balaton) kann man herrliche Wanderungen durch Wald und Feld machen. Es gibt ausreichend markierte Wanderwege. Unterwegs trifft man auf Höhlen, Burgruinen, kleine Seen und andere schöne Plätze. Wichtig ist natürlich, daß man sich eine gute Wanderkarte anschafft (→*Karten*). Ein sehr nützliches und detailliertes Buch zum Wandern und Bergsteigen in Ungarn mit 101 Wegbeschreibungen und vielen Skizzen ist: A. Tóth u. M. Fehér, ,,Bergwelt Ungarns'', Stuttgart 1976. Weitere Informationen beim *Verband der ungarischen Naturfreunde* (*Magyar Természetbarát Szövetség*), Bajcsy-Zsilinszky út 31, Budapest VI.

Wassersport: Auch ohne Meeresküsten findet man in Ungarn vielerlei Gelegenheiten zum Schwimmen (→*einzelne Orte/Praktische Informationen*). Abgesehen von Freibädern und Seen existieren eine große Menge Thermalbäder, das berühmteste sicher in Hévíz am →*Balaton*. Ruder- und Tretbootverleihe findet man in zahlreichen Stadtparks und Naherholungsgebieten. Der Balaton und der Velence-See bieten die Möglichkeit zum Segeln und Surfen; es werden auch Kurse angeboten. Näheres vor Ort bei Siotour, Szabadság tér 6, Siófok/Balaton. Ausrüstungen kann man vorbestellen und leihen über *Iparcikk Kölcsönző és Szolgáltató Vállalat*, Közraktár utca 36, Budapest IX. Am Balaton kann man auch an größeren Campingplätzen nachfragen. Der Gebrauch von Motorbooten ist übrigens auf die Flüsse Donau (Duna) und Theiß (Tisza) beschränkt.

Sprachführer

Ungarns Zugehörigkeit zur mitteleuropäischen Kultur und Lebensweise bewahrt den Besucher des Landes nicht davor, im Reiseland zunächst ziemlich orientierungslos dazustehen: nahezu alle Hinweisschilder und Aufschriften geben ihm Rätsel auf, er buchstabiert ellenlange Ortsnamen und spricht sie dann unbeholfen und unverständlich aus, ja selbst an der Toilettentür wird er eine Weile zögern, bis er sich beherzt für eine der beiden Kabinen entscheidet! Kurzum: wenngleich auch viele Ungarn die deutsche oder manche auch die englische Sprache beherrschen, so hat man doch ohne ein paar Wörter Ungarisch und eine möglichst korrekte Aussprache immer wieder Probleme. Ein handliches Wörterbuch sollte also bei keiner Ungarnreise fehlen, und auch damit kann man nur die Bedeutung von Einzelwörtern erschließen, weil Grammatik und Satzbau ganz erheblich von den üblichen Schulsprachen abweichen. Ungarisch zählt nämlich zu den finnougrischen Sprachen; grammatische Verwandtschaften bestehen zum Finnischen und Estnischen sowie teilweise auch zum Türkischen; Übereinstimmungen im Wortschatz sind allerdings selten. Erschwerend kommt hinzu, daß für die meisten international verständlichen Ausdrücke (wie z.B. university, police, airport) in Ungarn Ausdrücke in der Landessprache verwendet werden (in demselben Beispiel also: *egyetem, rendőrség, repülőtér*). Ungarn heißt auf Ungarisch *Magyarország* (wörtlich übersetzt: Madjarenland).

Einige Buchstaben und Buchstabenverbindungen werden anders ausgesprochen als im Deutschen: *c* (wie z), *cs* (wie tsch), *gy* (wie dj), *ly* (wie j), *ny* (wie nj), *s* (wie sch!!!), *sz* (wie ß), *ty* (wie tj), *v* (wie w), *z* (wie weiches s), *zs* (wie französ. j) sowie in älteren Namen vereinzelt *cz* (wie z). Verdoppelte Mitlaute (Konsonanten) sind beim Sprechen deutlich langzuziehen. Buchstabengruppen wie *ccs, ggy, ssz* sind als „Verdopplungen" von cs, gy, sz aufzufassen! Von allen Selbstlauten (Vokalen) gibt es je eine kurze Variante (geschrieben ohne Akzent) und eine sehr lange (mit Akzent); die Aussprache der Vokale ist ähnlich wie im Deutschen, außer bei kurzem *a* (immer wie offenes o in Post) und *e* (fast wie ä). Bei *ö* und *ü* erhält die lange Variante zwei Striche statt der zwei Punkte! Aufeinanderfolgende Vokale, z.B. *ei*, sind stets getrennt auszusprechen. Betont wird grundsätzlich immer die erste Silbe; die Akzente auf den Wörtern haben also nichts mit der Betonung zu tun!

Zugegeben: die korrekte Aussprache des Ungarischen erfordert ein bißchen Übung und klingt zudem recht befremdlich. Aber beim Erfragen beispielsweise von Ortsnamen wird man dann wenigstens verstanden, nicht zuletzt deshalb, weil jeder Buchstabe immer dieselbe Aussprache hat.

1	egy	10	tíz	60	hatvan
2	két, kettő	11	tizenegy	70	hetven
3	három	12	tizenkét	80	nyolcvan
4	négy	20	húsz	90	kilencven
5	öt	21	huszonegy	100	száz
6	hat	30	harminc	200	kétszáz
7	hét	31	harmincegy	1000	ezer
8	nyolc	40	negyven		
9	kilenc	50	ötven		

vigyázz!	Achtung!
női mosdó	Damen-WC
ferfi mosdó	Herren-WC
igen	ja
nem	nein, nicht
bocsánat!	Entschuldigung!
kérem	bitte
köszönöm	danke
jó reggelt	guten Morgen
jó napot	guten Tag
jó estét	guten Abend
viszontlátásra	auf Wiedersehen
nem értem magyarul	ich verstehe nicht Ungarisch
beszél németül?	sprechen Sie deutsch?
mennyibe kerül ...?	was kostet ...?
... van?	gibt es ...?/Haben Sie ...?
hol van ...?	wo ist ...?
hány órakor?	um wieviel Uhr?
a, az	der/die/das

Anstelle von Präpositionen und Possessivpronomen werden im Ungarischen vielerlei Endungen an die Wörter gehängt, z.B.:
— Budapest*en*, Miskolc*on* — in Budapest, in Miskolc
— Budapest*re*, Miskolc*ra* — nach Budapest, nach Miskolc
— Budapest*ről*, Miskolc*ról* — von Budapest, von Miskolc
Weitere Vokabeln sind im Rahmen einzelner Stichworte in diesem Buch zu finden.

Sprachkurse: An Volkshochschulen werden Ungarisch-Kurse fast nie angeboten. An großen Universitäten gibt es manchmal Kurse in „exotischen Sprachen", die man belegen kann, auch ohne eingeschrieben zu sein. Eine attraktive Möglichkeit für junge Leute gibt es im Rahmen der alljährlichen Sommeruniversität Debrecen: man braucht keinerlei Vorkenntnisse, kann im Studentenheim wohnen und erhält auch Verpflegung (Dauer 4 Wochen, Gebühren um 300 DM oder Stipendium). Informationen über: *Deutscher Akademischer Austauschdienst (DAAD)*, Kennedyallee 50, D-5300 Bonn 2, Tel. 02 28/ 88 21 oder die DAAD-Stelle einer anderen Hochschule. Oder man schreibt direkt nach Ungarn: *Debreceni Nyári Egyetem Titkársága*, Postafiók 35, H-4010 Debrecen.

Sprach- und Wörterbücher →*Literatur*

Strände
Ungarn ist eines der wenigen Binnenländer Europas. Wenn auch der Balaton (Plattensee) gern als das ,,Ungarische Meer'' bezeichnet wird, so ist es doch etwas abwegig, im Falle Ungarns von Stränden zu reden. Damit fehlt diesem Land eine Kategorie von Landschaft, die gerade in der Touristikbranche einen enormen Stellenwert hat. Offenbar reichen aber andere landschaftliche und städtebauliche Reize Ungarns aus, um eine wachsende Urlauberinvasion zu bewirken. Doch, keine Bedenken: Gelegenheiten zum Baden findet man in Ungarn in hinreichender Zahl (insbesondere sehr viele Thermalbäder)! Die Aufschrift *strandfürdő* bedeutet übrigens ganz allgemein Freibad, sei es am See, am Fluß oder als Bassin. Und *fürödni tilos* heißt *Baden verboten*!

Straßengebühren
Die für 1989 angekündigte Straßengebühr wurde nicht eingeführt; alle ungarischen Straßen sind gebührenfrei befahrbar!

Stromspannung
Überall 220 Volt. Stecker und Steckdosen passen an mitgebrachte Geräte.

Szeged (S-Ungarn, Große Tiefebene)
Unter den ungarischen Städten rangiert Szeged mit 182 000 Einwohnern zwar nur auf Platz vier, bietet jedoch neben dem alles überragenden Budapest noch am ehesten so etwas wie großstädtische Atmosphäre, während Miskolc und Debrecen trotz höherer Einwohnerzahl arg provinziell wirken.
Szeged liegt an der Mündung der Maros in die Theiß (Tisza) unweit der jugoslawischen und rumänischen Grenze. Die Universitäts- und Industriestadt mit bedeutendem agrarischen Umland bildet einen selbständigen Großstadtbezirk und ist außerdem Amtssitz des Bezirks Csongrád. Traditionell bedeu-

tend ist die Erzeugung von Paprikapulver („Paprikastadt") und Salami. Im nordöstlichen Stadtteil Algyő wird heute rund die Hälfte der bescheidenen Erdöl-
und Erdgasförderung Ungarns erzielt. Szeged ist eine schöne, weltoffene und
vielbesuchte Stadt mit günstiger Lage am wichtigen Abschnitt Budapest-
Belgrad der Europastraße 5. Die jährlich im Sommer, während der langen
Schönwetterperioden, veranstalteten Festspiele unter freiem Himmel verstär-
ken noch den etwas mediterranen Eindruck.

Szeged / Geschichte

Die Ortslage war schon in ältesten Zeiten beliebt: bereits vor etwa 5000 Jahren lebten Menschen in der Gegend der heutigen Stadt, später gab es hier
Siedlungen der Illyrer, Kelten, Hunnen und Awaren. In der Geschichte des
ungarischen Staates hatte Szeged ebenfalls früh Bedeutung als wichtiger Han-
delsknotenpunkt (Salztransporte aus Siebenbürgen). 1241 kam die verhäng-
nisvolle Mongoleninvasion. Nach der Niederlage von Mohács (1526) folgten
türkische Raubzüge und von 1543 bis 1686 schließlich die türkische Oberhoheit.
Danach dauerte es fast ein Jahrhundert, bis Szeged wieder ein kulturelles
und wirtschaftliches Zentrum war. Bereits um die Mitte des 19. Jahrhunderts
wurde die Stadt an das Eisenbahnnetz angeschlossen (Brücke über die Theiß).
Eine großangelegte Regulierung des Flusses führte jedoch am 12.3.1879 zu
einer ungeheuren Überschwemmungskatastrophe, bei der lediglich fünf Prozent der Häuser unbeschädigt blieben. Dank ausländischer Hilfe war ein groß-
zügiger Wiederaufbau möglich, der ein harmonisches Stadtbild mit breiten
Radialstraßen (*sugárút*) und Ringstraßen (*körút*) entstehen ließ. Zur Erinnerung wurden die einzelnen Abschnitte der äußeren Ringstraße nach den Haupt-
städten der hilfeleistenden Staaten benannt (z.B. Londoni körút, Berlini körút,
Brüsszeli körút). Es erfolgte auch eine Bebauung des linken Theißufers (Stadtteile Újszeged, Odesszaó). Als Museumsstandort ohnehin schon lange berühmt,
erhielt Szeged nach 1920 auch noch eine Universität; diese war aus Kolozs-
vár (heute Cluj-Napoca/Rumänien) hierher verlegt worden.
Ab 1945 nahm die Industrialisierung einen raschen Aufschwung. Nach dem
Abbruch der Beziehungen Jugoslawiens zur Sowjetunion (1948) wurde die
Grenze bei Szeged dichtgemacht und der Kontakt zu den vielen ungarischen
Bewohnern in der angrenzenden jugoslawischen Provinz Vojvodina jahrelang
unterbunden. Pläne zum Wiederaufbau der im Krieg gesprengten Eisenbahnbrücke über die Theiß verschwanden in der Schublade. Heute gibt es längst
wieder einen regen Grenzverkehr, allerdings per Straße. Das ehrgeizige Vor-
haben, die Stadt auf 300 000 Einwohner anwachsen zu lassen, scheiterte —
vielleicht ist Ungarn zu klein für solche Städte, und große Teile der Bevölkerung sind zu sehr mit Dorf und Boden verwachsen. Eine schwere Hypothek

lastet auf der Stadt mit ihren leeren Kassen: da die meisten Gebäude im selben Jahrzehnt gebaut wurden (s.o), werden sie in absehbarer Zeit nahezu gleichzeitig renovierungsbedürftig sein. — Ehemaliger deutschsprachiger Ortsname: Segedin.

Szeged / **Sehenswürdigkeiten**

Die heutige Stadt ist im Grunde kaum älter als hundert Jahre, da sie erst nach dem verheerenden Hochwasser von 1879 erbaut wurde. So darf man nicht viele Kunstdenkmäler erwarten. Trotzdem gewinnt man beim Gang durch die Straßen, vorbei an etlichen monumentalen Bauten, schnell den Eindruck, es handele sich um eine wohlhabende Bürgerstadt mit langer Tradition, die sich wohltuend von der kulturellen Ödnis und staubigen Hitze der umgebenden Tiefebene abhebt.

Von Budapest aus kommt man auf der Fernstraße 5 (innerorts die Kossuth L. sugárút) geradewegs ins Zentrum und erreicht kurz vor dem Theißufer rechterhand den schönen, parkähnlichen Széchenyi tér mit dem großen gelben *Rathauskomplex*. Von hier aus kann man die Stadt bequem zu Fuß erkunden. An der Südseite des Platzes beginnt die Kárász utca, eine angenehme Fußgängerzone, wo man auch nach Ladenschluß flaniert. Sie führt über den langgezogenen Klauzál tér (mit der Statue von Lajos Kossuth) hinweg bis zum Dugonics tér, an dem das Hauptgebäude der *Universität* steht. Über den daran angrenzenden Árpád tér und durch die Jókai utca erreicht man den Aradi vértanúk tere mit dem Reiterstandbild von Ferenc Rákóczi II. und dem *Heldentor (Hősök kapuja)*. Durch ein von Säulen getragenes Tor an der *Nationalen Gedenkhalle* gelangt man auf den Dóm tér. Es ist einer der eindrucksvollsten städtischen Plätze Ungarns. Ein aus 101 Bögen bestehender Arkadengang umschließt den Platz an drei Seiten. Die vierte Seite wird von der zweitürmigen neuromanischen *Votivkirche* (dem ,,Dom'') eingenommen, erbaut zwischen 1913 und 1930 in Erinnerung an das Hochwasser von 1879. Die Orgel der Kirche hat 10 180 Pfeifen! Vor dem ,,Dom'' steht der mittelalterliche *Sankt-Demetrius-Turm (Szent Dömötör torony)*, der 1925 beim Abriß der gleichnamigen Kirche zum Vorschein kam und wahrscheinlich aus dem 12./13. Jahrhundert stammt. Wer im Sommer nach Szeged kommt, wird den Domplatz in der Regel durch eine Freilichtbühne und Zuschauertribünen verbaut sehen; alljährlich finden hier im Juli/August die *Szegeder Freilichtspiele (Szegedi szabadtéri játékok)* statt mit Schauspiel, Oper, Konzerten und vielen anderen Veranstaltungen. Hinter dem ,,Dom'' versteckt liegt eine *serbischorthodoxe Kirche* aus dem 18. Jahrhundert. Rechts führt die Somogyi B. utca an das Theißufer; geradeaus kann man durch die Oskola utca bis zum Roosevelt tér gehen, wo der *Kulturpalast* (interessantes Museum) steht und wo eine der beiden Straßenbrücken über die Theiß beginnt (erbaut 1948). Im jenseitigen Stadtteil Újszeged (Neuszeged) empfiehlt sich ein Gang durch den 18 ha großen *Botanischen Garten* (*füvészkert*; geöffnet 9-19 h). Bleibt man aber auf dem diesseitigen Ufer und kehrt der Brücke den Rücken zu, so erreicht man gleich wieder den Széchenyi tér (Ausgangspunkt des Rundgangs). Weiterhin sehenswert sind in Szeged noch: die alte und die neue *Synagoge* in der Hajnóczy utca (erbaut 1843 bzw. 1903); einige Überreste der ehemaligen *Burg* und vielleicht das *Nationaltheater* (beides zwischen Széchenyi tér und Theißufer). Im Stadtteil Alsóváros (Unterstadt), vor allem in der Nyíl utca und Pásztor utca, sind die sogenannten *Sonnenstrahlhäuser* zu finden, benannt nach ihrem auffälligen Ornament. Im Vorort Kiskundorozsma (westlich, an der Straße 5 nach Budapest) steht eine *Windmühle* von 1821, gebaut aus Lehmziegeln. An derselben Straße, nach Osten hin, der 350 ha große *Fehértó* (*Weißer See*), der weitgehend verschilft ist. Es handelt sich um ein Fischzuchtgewässer; wegen seiner besonderen Bedeutung als Wasservogelreservat wurde der See unter Naturschutz gestellt und darf nur in Begleitung eines offiziellen Fremdenführers betreten werden.

Szeged / **Umgebung**

In **Hódmezővásárhely** (54 000 Einw.), 23 km nordöstlich, hat das Töpferhandwerk eine lange Tradition: zu besichtigen sind das ,,Töpferhaus'' auf der Rákóczi utca 101, eine Töpferwerkstatt auf der Széchenyi utca 5 und das archäologische János-Tornyai-Museum auf der Szántó Kovács J. utca 16. Sehenswerter Nationalpark in **Ópusztaszer,** etwa 30 km nördlich. — Wer Ungarn am Grenzübergang Röszke verläßt, durchfährt im angrenzenden Jugoslawien zunächst die dortige Autonome Provinz Vojvodina, in der immerhin auch 23 % ungarische Bewohner leben (zweisprachig!).

Szeged / **Praktische Informationen**

Ärztliche Versorgung: *Apotheken* am Klauzál tér 3 und in der Somogyi B. utca (am Dugonics tér). — *Universitätskliniken* an der Pécsi utca (zwischen ,,Dom'' und Theißufer), dort auch viele Spezialabteilungen. *Kinderkrankenhaus* an der Odesszai körút in Újszeged (jenseits der Theiß).

Autoservice: Autoclub MAK am Ende der Kossuth L. sugárút (neben der Straßenüberführung am Bahnhof Rókus; etwa 200 m vom Campingplatz). — Tankstellen sehr gut zu finden: es gibt an jeder der numerierten Landstraßen (5, 43, 47, 55) am Stadtrand eine Möglichkeit zum Tanken, u.a. eine direkt beim Campingplatz an der Dorozsmai út. Die Tankstelle am Úttörő tér (Straße 55) führt auch Bleifrei. Während des Sommers auch die Tankstelle an der Dorozsmai út beim Campingplatz. — Werkstätten in der Tolbuhin sugárút 13 (spez. VW,

Mercedes), an der Vásárhelyi P. út und am Ende der József A. sugárút. — Einige einfachere Autoersatzteile bekommt man im Kaufhaus am Árpád tér.

Bademöglichkeit: Freibad mit Thermalbecken am Theißufer bei der innerstädtischen Brücke.

Banken: Nationalbank (*Nemzeti Bank*) in der Vár utca, Landessparkasse (*Országos Takarékpénztár*) in der Vörösmarty utca (beide am Széchenyi tér).

Camping: An der Dorozsmai út 2, Tel. 2 58 00 (Kat. I; ganzjährig geöffnet); auf der Fernstraße 5 von Budapest kommend am Ortsanfang kurz hinter der Tankstelle rechts; großer Platz mit relativ guter Ausstattung, teilweise schattig; Lebensmittelladen, Buffet und Kinderschwimmbecken; in der Hauptsaison oft stark belegt. Wer von hier aus ins Zentrum will, muß nur am Platzeingang über die Brücke gehen; von dort führt eine Treppe hinab zum Bahnhof Rókus bzw. zur Pulcz utca, wo die Straßenbahnlinie 1 zum Széchenyi tér abfährt! — Weitere Campingplätze: „Tisza-parti Kemping" am Theißufer im Stadtteil Újszeged (Tel. 1 39 75; Kat. I; geöffnet 1.4. bis 30.9.; neben dem Freibad); „Sziksós-tói Kemping" im Vorort Kiskundorozsma (Tel. 6 10 50; Kat. I; geöffnet 1.4. bis 30.9; an kleinem See mit Freibad; mit VOLÁN-Buslinie 7 T zum Marx tér in die Innenstadt); „Postakocsi Kemping" in Szatymaz am Fehér-tó (Tel. 7 31 16; Kat. II; ganzjährig geöffnet; Busverbindung nach Szeged).

Einkaufen: Die Kárász utca ist Fußgängerzone; erwähnenswert sind hier das Fotofachgeschäft „Ofotért" (Hausnr. 14) sowie die Buchhandlungen (Nr. 5 und 16). Ein gutsortiertes modernes Warenhaus ist das „Szeged Nagyáruház" am Árpád tér. Markt auf dem Szent István tér. Insgesamt attraktive Fußgängerstadt.

Essen und Trinken: Angenehm sitzt man am Széchenyi tér im Freien (z.B. Restaurants „Debrecen" und „Szeged"). Auch die „Camping Csárda" an der Einfahrt des Campingplatzes an der Dorozsmai út ist nicht schlecht. Einen Fastfood-Imbiß findet man in der Oskola utca 18 (nahe beim „Dom"). Straßencafés vor allem in der Kárász utca; das vornehmste ist die Konditorei „Kis Virág" am Klauzál tér 9.

Polizei: Moszkvai körút (Ecke Ságvári utca).

Post: Am Széchenyi tér und am Hauptbahnhof. — Telefonvorwahl 62.

Touristeninformation: Szeged Tourist (Fremdenverkehrsamt), 6720 Szeged, Victor Hugo utca 1, Tel. 1 17 11 und 1 19 66. — IBUSZ, Klauzál tér 2, Tel. 1 11 88. — Express-Jugendreisebüro, Kigyó utca 3, Tel. 1 13 03.

Unterkunft: Ferienhäuser und Motel am Campingplatz an der Dorozsmai út. Preisgünstige kleine Hotels sind „Mora" auf der Bocskai utca 3 (Tel. 1 35 33; Kat. C) und „Sárkány" am Baross tér 1 (Tel. 1 05 14; Kat. C). Ein teures Domizil ist das Hotel „Hungária", Komócsin Z. tér 2, Tel. 2 12 11.

Veranstaltungen: Jährlich im Sommer die „Szegeder Freilichtspiele" (Szegedi Szabadteri Játékok) mit Operetten, Musicals und Schauspielen auf dem Domplatz.

Verkehrsverbindungen: 168 Straßen-km von Budapest. — Der Hauptbahnhof liegt am Baross tér (auf älteren Stadtplänen Indóház tér genannt) südlich der City und macht einen merkwürdig provinziellen Eindruck: täglich Züge u. a. nach Budapest und Miskolc. Der Streckenverlauf ist hier so ungünstig, daß man ins 190 km entfernte Pécs annähernd 5 Stunden unterwegs ist, und eine Fahrt ins 44 km entfernte Subotica/Jugoslawien bedeutet etwa 150 km Bahnfahrt (beides über Kiskunfélegyháza)! Da die Eisenbahnbrücke über die Theiß nicht mehr existiert, fahren Züge nach Makó und weiter nach Rumänien vom Bahnhof Újszeged auf der gegenüberliegenden Flußseite ab. — Die Szegeder Verkehrsbetriebe (SzKV) betreiben drei Straßenbahnlinien und fünf Obuslinien, eine sechste wird zur Zeit mit Omnibussen befahren. Der übrige Vorortverkehr wird vom staatlichen VOLÁN-Busunternehmen durchgeführt, dessen Terminal am Marx tér liegt. Touristisch interessant ist die Straßenbahnlinie 1, die vom Bahnhof Rókus (beim Campingplatz) quer durch die Innenstadt (über Széchenyi tér und am Dóm tér vorbei) bis zum Hauptbahnhof fährt. — Taxistände am Hauptbahnhof, am Klauzál tér und am Széchenyi tér.

Székesfehérvár (W-Ungarn, Große Tiefebene)

Die alte Stadt Székesfehérvár liegt auf halber Strecke zwischen Budapest und dem Balaton (Plattensee) in der äußersten Nordwestecke der Großen Tiefebene, die sich hier westlich der Donau als ein leicht welliger, sehr fruchtbarer Landstrich präsentiert. Die Region, in der sich Getreide-, Obst- und Gemüsefelder mit Wiesen abwechseln, heißt Mezőföld. Mit 111 000 Einwohnern ist Székesfehérvár für ungarische Verhältnisse eine große Stadt, im übrigen Amtssitz des Bezirkes Fejér. Die Kulturdenkmäler sind beachtlich. Neben vielen kleineren Industriebetrieben sind hier auch die Phonogerätefabrik „Videoton" und ein Montagewerk der Budapester Autobusfabrik „Ikarus" angesiedelt.

Székesfehérvár / **Geschichte**

Auf eine bereits zur Keltenzeit vorhandene Siedlung folgten in der Römerzeit die Orte Herculia und Gorsium. Nach der Überlieferung soll es während der Landnahmezeit (895-907) unter den Árpáden hier zunächst ein Lager gegeben haben; Székesfehérvár wird deshalb heute als die älteste originär ungarische Stadt angesehen. Unter dem Staatsgründer István I. wurde es nach 1001 Hauptstadt und behielt (unter dem lateinischen Namen Alba Regia) seine Bedeutung als Verwaltungs- und Gesetzgebungszentrum über 500 Jahre lang. Insgesamt 37 ungarische Könige wurden hier gekrönt. Während der

Árpáden-Dynastie, unter Béla IV. (1235-70), versuchten die Mongolen 1242 vergeblich, die von Sümpfen umgebene Stadt einzunehmen. Im Jahre 1543 fielen die Türken ein und blieben bis 1688: sie zerstörten die Stadt mit ihren Königsgräbern und der Krönungskirche; am Ende blieb nur ein Trümmerfeld. Das einst blühende Handwerk und das Kulturleben waren ausgelöscht, nur einige hundert Bewohner hatten diesen Zeitraum überlebt. Das entstandene Vakuum wurde durch deutsche, elsässische und lothringische Einwanderer ausgeglichen. Es begann ein Neuaufbau der Stadt im Barockstil. Durch die Trockenlegung der Sümpfe und die Kanalisierung des Sárvíz wurde neues Siedlungsland gewonnen. Im Jahre 1777 wurde Székesfehérvár zum Bistum erhoben; es entwickelte sich ein reges Geistesleben (angeblich mit dem damaligen Weimar vergleichbar), während Handel und Gewerbe lange Zeit stagnierten.

Nach den erheblichen Zerstörungen des Zweiten Weltkrieges wurde der Wiederaufbau mit der Errichtung zahlreicher Betriebe der Leichtindustrie gekoppelt. — Ehemaliger deutschsprachiger Ortsname: Stuhlweißenburg.

Székesfehérvár / **Sehenswürdigkeiten**

Die eigentliche Innenstadt mit Fußgängerbereich liegt innerhalb der einstigen Burgmauern, von denen aber nicht mehr viel zu sehen ist. Am Szabadság tér, dem zentralen Platz, stehen das barocke *Rathaus* (erbaut 1690), der *Bischofspalast* (erbaut 1790-1801) und einige weitere Baudenkmäler. Wenn man in den ,,Hinterhof'' des Bischofspalastes geht, befindet man sich im *Ruinengarten*, wo Überreste der einstigen *Basilika* aus dem Jahre 1016 zu finden sind (sie war die Krönungs- und Beisetzungsstätte der ungarischen Könige; wurde von den Türken weitgehend zerstört). Weiterhin gibt es hier noch einen kleinen Abschnitt der *Burgmauer*, und der Sarkophag des ersten ungarischen Königs (István I., 970-1038) ist aufgestellt.

In der Arany János utca, einer Seitenstraße hinter dem Rathaus, steht der *Dom*, der 1758-68 auf Fundamentresten einer romanischen Kirche errichtet wurde. Links neben der Basilika die gotische *St.-Annen-Kapelle* von etwa 1470, eines der ganz wenigen Gebäude, die von den Türken nicht zerstört wurden. Am Ende der Arany János utca liegt der István tér mit schönen alten Häusern, darunter auch das klassizistische *Komitatshaus* (erbaut 1807-12). Beim Schlendern durch die Straßen um den Szabadság tér sollte man noch einige weitere Gebäude beachten: in der Március 15. utca das *Apothekenmuseum* in der 1746 (oder 1758?) erbauten Apotheke ,,Fekete Sas'' (Schwarzer Adler); auf der gleichen Straße die *Zisterzienserkirche* mit Ordenshaus; am Gagarin tér 3 das äußerst sehenswerte *István-király-Museum* (zweitwichtigste Sammlung ethnographischer und naturkundlicher Materialien in Ungarn, Diorama des nahegelegenen Velence-Sees und Stadthistorisches); in der Zalka Máté utca viele alte Wohnhäuser; in der Rác utca (westlich der Innenstadt, jenseits der Palotai út) eine *serbisch-orthodoxe Kirche* mit byzantinischen Wandbildern; im Mária völgy (am nordöstlichen Stadtrand) schließlich die kuriose *Bory-Burg (Bory vár)* mit Elementen sehr verschiedener Stilepochen.

Székesfehérvár / Umgebung

6 km östlich der Stadt liegt der 26 qkm große **Velence-See** (Velencei-tó), der zweitgrößte See Ungarns. Seine verschilften Ufer verlanden zunehmend. Die Wassertiefe von 1-2 m wird im Sommer künstlich aufrechterhalten, damit der Bade- und Wassersportbetrieb in den Urlaubsorten Agárd, Gárdony und Velence nicht beeinträchtigt wird. — 15 km südlich liegt Tác mit dem sehenswerten Ausgrabungsgelände der Römerstadt **Gorsium** (1.-5. Jahrhundert.)

Székesfehérvár / Praktische Informationen

Ärztliche Versorgung: *Apotheke* in der Március 15. utca (Fußgängerzone). — *Bezirkskrankenhaus* an der Seregélyesi út (östlich vom Stadtkern).

Autoservice: Autoclub MAK an der Rákóczi utca. — Tankstelle und Werkstatt an der Landstraße 70 zum Balaton, Tankstelle auch an der Fernstraße 8 in Richtung Veszprém. Bleifeies Benzin an der Sárbogárdi út.

Bademöglichkeiten: Freibad an der Szabadságharcos utca; attraktivere Möglichkeiten im nahegelegenen Velence-See (→*Székesfehérvár/Umgebung*).

Banken: Nationalbank (*Nemzeti Bank*) an der Móri út, Landessparkasse (*Országos Takarékpénztár*) in der Március 15. utca.

Camping: In Székesfehérvár gibt es keinen Campingplatz, hingegen mehrere am Velence-See (zwei in Agárd zwischen dem Seeufer und der Bahnstrecke, einer in Velence; Kat. I und II; Öffnungszeiten etwa Mai bis Oktober; im Sommer meist überfüllt; wenig Schatten; stellenweise Verkehrslärm).

Essen und Trinken: Restaurant im Hotel ,,Velence'' in der Március 15. utca 10; Restaurant ,,Szabadság'' am Vörösmarty tér 1.

Polizei: Móri út.

Post: Am Bahnhof und am Eszperantó tér. — Telefonvorwahl 22.

Touristeninformation: Albatours (Fremdenverkehrsamt), 8000 Székesfehérvár, Szabadság tér 6, Tel. 2 12 35. — IBUSZ, Ady Endre utca 2, Tel. 1 15 10. — Express-Jugendreisebüro, Rákóczi utca 4, Tel. 1 25 10.

Unterkunft: Hotel ,,Velence'' in der Március 15. utca 10, Tel. 1 12 62 (Kat. B); eventuell Privatzimmer am Velence-See oder Hotel ,,Touring''dort in Agárd (Tel. 1 18; Kat. B)

Verkehrsverbindung: 66 Straßen-km von Budapest. — Bahnhof am Béke tér: täglich Züge nach Budapest, Győr, Veszprém, Siófok, Pécs und kleinere Orte der Region. — Abfahrtsstelle der VOLÁN-Fernbusse am Piac tér. — Die Autobahn M-7 (Budapest-Balaton) hat eine günstige Abfahrt am Stadtrand, wo die Landstraße 63 kreuzt.

Szentendre (N-Ungarn, Transdanubisches Mittelgebirge)

Serben, Dalmatiner und Griechen, die im 14.-17. Jahrhundert vor den Türken geflüchtet waren, ließen sich in dem unbedeutenden Dorf Szentendre (Sankt Andreas) nieder und gaben ihm ein unverkennbar südländisches Aussehen. Heute ist die malerische, gründlich restaurierte Kleinstadt (17 000 Einw.) eines der beliebtesten Ausflugsziele von Budapest aus und leider dementsprechend überlaufen. Obgleich man an schönen Sommertagen glauben könnte, man sei eher auf einem Jahrmarkt, lohnt sich ein kurzer Rundgang dennoch. Im Zentrum der barocken Altstadt liegt der Marx tér, ein kleiner dreieckiger Platz, auf dem im Sommer Aufführungen des Freilichttheaters stattfinden; hier steht nahezu jedes Haus unter Denkmalschutz. Die *griechisch-orthodoxe Kirche* an dem Platz wurde 1752-54 erbaut. Vom Marx tér aus geht man am besten zunächst einmal auf den *Burghügel* hinauf: von oben genießt man einen schönen Rundblick auf die Gassen und Winkel und fühlt sich an die jugoslawische Küste (Dalmatien) erinnert. Die mittelalterliche katholische Kirche auf dem Hügel hat eine über 700 Jahre alte Sonnenuhr. An der Alkotmány utca (nördliche Begrenzung des Hügels) steht die *Belgrad-Kathedrale*, in deren Krypta die serbisch-orthodoxen Bischöfe beigesetzt wurden. Ein *serbisches Kirchenmuseum* ist in der benachbarten Engels utca 5 eingerichtet. Eine weitere beachtenswerte Kirche ist die *Preobraženska* (serbisch) in der Vörös Hadsereg útja 40 mit getrennten Beträumen für Männer und Frauen. In der Római sánc utca (jenseits des Bükkös-Baches) sind *römische Grabsteine* des 1.-4. Jahrhunderts zu sehen. Außerdem sind drei weitere Museen erwähnenswert: das *Ferenczy-Museum zur Ortsgeschichte* am Marx tér, das *Margit-Kovács-Keramikmuseum* in der Vastagh György utca (Ecke Görög utca) und das *Ethnographische Freilichtmuseum* mit typischen Bauernhäusern 3 km nordwestlich an der Szabadság-forrás út (geöffnet April-Oktober 9-17 h).

Szentendre / **Praktische Informationen**

Bademöglichkeiten: Freibad auf der kleinen Donauinsel Pap-sziget.

Camping: ,,Papszigeti Kemping'' auf der gleichnamigen Donauinsel, Tel. 1 06 97 (Kat. I; geöffnet 15.4. bis 15.10.; Zufahrt über eine Brücke von der Straße 11 nach Visegrád bei km-Tafel 22; Bootsanlegestelle vorhanden) und ,,Aquatours'', Ady Endre út 9-11 (Tel. 1 11 06; geöffnet 1.5. bis 30.9.).

Einkaufen: Szentendre ist voller Boutiquen, Galerien, Antiquariaten, Souvenir- und Folkloreläden, deren Inhaber manchmal unangenehm geschäftstüchtig sind; außerdem Lebensmittelgeschäfte vorhanden.

Essen und Trinken: Beim Rundgang stößt man auf etliche Kneipen und Restaurants (zu empfehlen ist z.B. die ,,Határcsárda'', Ady Endre utca 43); ein Eiscafé liegt am Fő tér. Man sollte vielleicht ein wenig auf die Preise achten!

Post: Fő tér 15. — Telefonvorwahl 26.

Touristeninformation: Dunatours (Fremdenverkehrsamt), 2000 Szentendre, Bogdányi utca 1, Tel. 1 13 11. — IBUSZ, Bogdányi utca 11, Tel. 1 03 15.

Unterkunft: Touristenhotel ,,Fenyves'', Ady Endre utca 26 (Kat. B); daneben Hotel ,,Danubius'', Ady Endre utca 28, Tel. 1 25 11 (Kat. C).

Verkehrsverbindungen: Knapp 20 Straßen-km von Budapest-Zentrum. — Bushof am südlichen Ortsrand an der Straße nach Budapest; dort auch Station der Vorortbahn HÉV (fährt bis zum Verkehrsknotenpunkt Batthyány tér in Budapest). Schiffsanlegestelle mit regelmäßigen Fahrten zur großen Insel Szentendrei-sziget und nach Budapest. — In Richtung Visegrád und →*Esztergom* kann man per Auto entweder an der Donau entlangfahren (,,Donauknie'') oder die ebenfalls sehr schöne Abkürzung über Pilisszentlászló wählen (waldreiches Bergland).

Szolnok (Mittel-Ungarn, Große Tiefebene)

Unter den zahlreichen Kleinstädten im zentralen Teil der Großen Tiefebene (zwischen Kecskemét und Debrecen) ist Szolnok mit 77 000 Einwohnern die größte und wohl auch die einzige mit etwas städtischem Charakter: Handwerk und Gewerbe sind vorherrschend, nur ein relativ kleiner Teil der Bevölkerung ist in der Landwirtschaft tätig. Szolnok war seit jeher ein wichtiger Übergang über die Theiß (Tisza); heute ist es Eisenbahnknotenpunkt, Standort einiger Fabriken und Verwaltungssitz des gleichnamigen Bezirks. Die örtlichen Thermalquellen ermöglichen einen bescheidenen Kurbetrieb.

Nennenswerte Sehenswürdigkeiten oder gar ein breiteres touristisches Angebot gibt es in Szolnok ebensowenig wie in den anderen Orten der Region (außer →*Debrecen, Gyula, Kecskemét*). Beeindruckend ist hier eher die Endlosigkeit und Monotonie der ebenen Landschaft, die den Betrachter durchaus einnehmen kann. Das Stichwort ,,Szolnok'' wurde in dieses Buch eigentlich nur aufgenommen, um wenigstens einige Anhaltspunkte zu diesem touristisch unbedeutenden Gebiet geben zu können, durch das ja immerhin wichtige Verkehrswege und Urlaubsrouten führen.

Szolnok / **Geschichte**

Szolnok und fast alle anderen Städte der Großen Tiefebene litten sehr unter der rund 150jährigen türkischen Herrschaft (16./17. Jahrhundert): die damaligen Dörfer entvölkerten sich, der Boden blieb brach liegen. Später entstanden Großdörfer; die bäuerliche Bevölkerung baute ihre Wohngebäude sehr dicht beisammen, weil es sicherer erschien. Die dazugehörigen riesigen Gemarkungen mußten wegen der Entfernungen jedoch von zeitweise bewohnten Hütten weit außerhalb der Orte bewirtschaftet werden, aus denen sich allmählich fast autarke Einzelgehöfte (*tanya*) als Dauersiedlungen entwickelten. So kam das auch heute typische Siedlungsbild, bestehend aus ,,Bauernstädten'' in Abständen von etwa 20 bis 50 km und dazwischen verstreuten Einzelhöfen, zustande. 1948 wurde mit der Kollektivierung der Landwirtschaft begonnen. Der Sozialismus übernahm diese Siedlungsstruktur sogar, denn das bereits vorhandene Netz von Großdörfern, in denen der überwiegende Teil der Agrarbevölkerung wohnte, bot eine ideale Ausgangslage zur Schaffung sogenannter Agrarzentren. (Ähnliches war ab 1988 in Rumänien geplant, wo viele Dörfer eigens beseitigt werden sollten, um die Landbevölkerung in rationellen ,,agro-industriellen Zentren'' zusammenzufassen und vergrößerte Ackerflächen zu schaffen!) Von den heutigen Einwohnern der Kleinstädte um Szolnok arbeiten die meisten in einer der großen Landwirtschaftlichen Produktionsgenossenschaften (ungar.: T.Sz.K.), die weithin sichtbar in der Tiefebene verteilt sind. In den letzten Jahren verstärkt sich der Trend, daß Einzelgehöfte wegen ihrer kulturellen und sozialen Isolation aufgegeben werden. Es handelt sich dabei jedoch um wenige Zuwanderer nach Budapest oder in die nächste Provinzstadt, so daß die für Ungarn so typischen Kleinstädte wohl als solche erhalten bleiben.
→*Puszta*

Szolnok / **Umgebung**

Wie oben bereits erwähnt, handelt es sich bei den folgenden Kleinstädten der Tiefebene im Grunde nur um große Dörfer: in **Túrkeve** und **Szentes** gibt es Windmühlen; in **Szarvas** eine historische Pferdezugmühle und ein Arboretum (der Ort ist übrigens schachbrettartig angelegt); in **Csongrád** ein archäologisches Museum und den Stausee Tisza-III.; in **Jászberény** ein Museum der Jazygen (eine Volksgruppe); viele Orte haben ein Thermalbad.

Szolnok / **Praktische Informationen**

Autoservice: Bleifrei-Tankstelle an der Debreceni út.
Camping: ,,Tiszaliget Kemping'' (Tel. 4 44 03, Kat. II; geöffnet 1.5. bis 30.9.; schattig; vom Zentrum über die Theißbrücke und dann rechts!). — Camping-

plätze auch in folgenden Orten der Region: Törökszentmiklós, Kisújszállás, Karcag (Berekfürdő), Püspökladány, Gyomaendrőd, Szarvas, Csongrád, Orosháza (Nagyszénás).

Essen und Trinken: Restaurant ,,Aranylakat'' beim Campingplatz oder Restaurant ,,Múzeum'' am Kossuth tér 5.

Sportmöglichkeiten: Bezüglich Wassersport erkundige man sich am besten an Ort und Stelle (Campingplatz oder Touristeninformation).

Touristeninformation: Tiszatour (Fremdenverkehrsamt), 5000 Szolnok, Ságvári körút 32, Tel. 1 13 84. — IBUSZ, Jászkürt utca 1, Tel. 1 34 93. — Express-Jugendreisebüro, Beloiannisz utca 5, Tel. 1 89 73.

Unterkunft: Hotel ,,Tisza'', Marx park 2, Tel. 1 76 66 (Kat. B) und Hotel ,,Touring'', Tiszaliget, Tel. 1 29 28.

Verkehrsverbindungen: 99 Straßen-km von Budapest. — Züge nach Budapest, Szeged, Cegléd, Kecskemét, Nyíregyháza und Debrecen.

Szombathely (W-Ungarn, Alpenvorland)

Szombathely ist die Hauptstadt des Bezirkes Vas (86 000 Einw.) und ein wichtiger Verkehrsknotenpunkt. Die lebhafte Stadt ist Industriestandort sowie Grenzübergang nach Österreich. Mit seiner großzügigen Fußgängerzone und einigen architektonisch interessanten Winkeln ist Szombathely eine angenehme Einkaufsstadt, auch für letzte Besorgungen vor der Ausreise aus Ungarn. Nicht zu übersehen sind die zahlreichen deutsch-ungarisch verfaßten Reklameaufschriften in der Stadt, die auf erstaunlich enge Wirtschaftsbeziehungen zum Burgenland (Österreich) schließen lassen, und das bereits vor dem Abbau des ,,Eisernen Vorhangs''.

Szombathely / **Geschichte**

Im Jahre 43 v.Chr. wurde hier die römische Siedlung Savaria gegründet, die 107 n.Chr. zum Hauptort der Provinz Pannonia aufstieg. Reste der einstigen ,,*Bernsteinstraße*'' (*borostyánkőút*) von der Ostsee zum Mittelmeer sind noch heute vorhanden. Der Bischof von Tours in Frankreich, der später als Sankt Martin in die Religionsgeschichte einging, wurde hier geboren.

Nach einer Verwüstung durch die Hunnen im 4. Jahrhundert und einem Erdbeben im Jahre 455 (oder 454?) wird Szombathely erst um 860 wieder urkundlich erwähnt. 1241 zogen dann nochmals mongolische Heere brandschatzend durch den Ort. Zu einer Besetzung durch die Türken kam es jedoch nicht. Eine neuerliche kulturelle Blütezeit folgte in der zweiten Hälfte des 18. Jahrhunderts. Aus dieser Zeit stammt auch ein großer Teil der historischen Gebäude. Und es gäbe noch etliche weitere davon, wenn nicht im Zweiten Weltkrieg ein Großteil der Stadt durch Bomben zerstört worden wäre. — Ehemaliger deutschsprachiger Ortsname: Steinamanger.

Szombathely / **Sehenswürdigkeiten**

Im Zentrum der Stadt, am Berzsenyi tér, steht der *Bischofspalast* vom Ende des 18. Jahrhunderts (Hausnr. 3), das *Komitatshaus* (Sitz der Bezirksverwaltung; Nr. 1) und daneben die *Kathedrale*, ebenfalls vom Ende des 18. Jahrhunderts, vor kurzer Zeit gründlich restauriert. Zwischen Dom und Priesterseminar gelangt man durch ein Tor in einen *Ruinengarten*: hier wurden 1938 römische Baureste freigelegt, die neben den Ausstellungsstücken im *Savaria-Museum* (Kisfaludy utca 9) zu den bedeutendsten Funden aus der Römerzeit in Ungarn zählen. Ebenfalls aus dieser Epoche stammen die Relikte eines Tempels, die im *Iseum* (*Isis-Heiligtum*) in der Rákóczi F. utca freigelegt wurden. Man hat hier versucht, die erhaltenen Originalteile platzgenau in einen neutralen Betonrahmen einzufügen, um einen Eindruck von dem einstigen Tempel herzustellen.

Außer dem *Franziskanerkloster* in der Aréna utca (14. Jahrhundert, Umbau im 17. Jahrhundert) gibt es noch etliche interessante Häuser in der Alkotmány utca (vor der Kathedrale rechts) anzuschauen. Unbedingt besuchen sollte man das schön angelegte *Museumsdorf* (*múzeumfalu*) in der Árpád utca 30 hinter dem Stadtpark bzw. Weiher am westlichen Stadtrand: rund 40 dörfliche Gebäude aus dem Bezirk Vas wurden hierher transportiert und detailgenau wieder aufgestellt, mit Hausrat, Gartengerät und allem, was dazugehört (Öffnungszeiten: Mai bis Oktober 10-18 h, November bis April 10-16h, Mo geschlossen). Im Ortsteil Kámon, an der Straße nach Kőszeg, findet sich ein Wegweiser zum *Arboretum*, wo Hunderte von Bäumen und Sträuchern eine der größten botanischen Sammlungen Ungarns bilden.

Szombathely / **Umgebung**

Eine vielbesuchte Sehenswürdigkeit ist die schöne romanische Kirche in dem Dorf **Ják** (9 km südwestlich). In **Sárvár** (26 km östlich) gibt es eine Burg und ein Arboretum. In **Körmend** (24 km südlich) kann man eine Burg und das Batthyány-Schloß besuchen; man achte auch auf die zahlreichen Storchennester mitten in der Stadt!

Szombathely / **Praktische Informationen**

Ärztliche Versorgung: *Apotheke* am Köztársaság tér 9. *Klinik* am Március 15. tér.
Autoservice: Autoclub MAK am Köztársaság tér 19. — Tankstellen am Ady Endre tér beim Busterminal (sonntags und nachts geschlossen) sowie an der Landstraße 87 an beiden Ortsenden (Nachtdienst). Bleifreies Benzin an der Zanati út. — Werkstatt in der Pálya utca 1, Tel. 1 13 40.

Bademöglichkeiten: Hallenbad in der Bartók B. körút; Thermalbad an der Gagarin utca 4; Freibad an der Kondics utca beim Campingplatz.

Banken: Landessparkasse (*Országos Takarékpénztár*) in der Bejczy utca 1-3.

Camping: Schöner Platz an der Kondics utca im Grüngürtel der Stadt (Tel. 1 47 66; Kat. I; geöffnet 1.5. bis 30.9.), gegenüber der Platzeinfahrt ein großer Weiher mit Ruderbootausleihe; erreichbar mit VOLÁN-Buslinien 5 und 7 ab Zentrum.

Einkaufen: Gutsortierte Geschäfte aller Art in der Fußgängerzone am Köztársaság tér; erwähnenswert sind insbesondere das Fotogeschäft „Ofotért" (Hausnr. 39), der Second-Hand-Laden „Ganzer" (Nr. 19, im Hof) und das Warenhaus „Centrum" mit Devisenladen (Nr. 12).

Essen und Trinken: Neben etlichen Restaurants und Cafés in der Innenstadt gibt es noch einen Pizza- und Hamburger-Imbiß in der Kossuth L. utca 27 und das angenehme Gasthaus „Tó" an der Rumi Rajki István sétány am Stadtweiher. Auch das kleine Lokal auf dem Campingplatz ist akzeptabel.

Post: Kossuth L. utca 18. — Telefonvorwahl 94.

Sportmöglichkeiten: Reitschule und -club in der Középhegyi utca, Tel. 1 34 61.

Touristeninformation: Savaria Tourist (Fremdenverkehrsamt), 9700 Szombathely, Mártírok tere 1, Tel. 1 23 48. — IBUSZ, Savaria utca 3, Tel. 1 41 41. — Express-Jugendreisebüro, Bajcsy-Zsilinszky utca 18, Tel. 1 12 30.

Unterkunft: Hotel „Savaria", Mártírok tere 4, Tel. 1 14 40 (Kat. C). Hotel „Isis", Rákóczi utca 1, Tel. 1 49 90 (Kat. B). Hotel „Tourist", Jókai park, Tel. 1 41 68. Übernachtung auch in Studentenwohnheimen in der Alkotmány utca 1 und der Magyar utca 1. Privatzimmer über die Touristeninformation.

Verkehrsverbindungen: 228 Straßen-km von Budapest. — Bahnhof am Ende der Savaria utca: Züge nach Budapest, Sopron, Győr, Pécs, Miskolc und Keszthely/Balaton. — VOLÁN-Busse fahren ab Ady Endre tér und ab Bahnhof (Éhen Gyula tér): im Ortsverkehr sind die Linien 2 (nach Kámon), 5 (am Campingplatz vorbei) und 7 (zum Museumsdorf) bedeutsam. Fernbuslinien nach Győr, Keszthely, Kőszeg und Budapest (über Veszprém und Székesfehérvár), sonntags nach Wien und donnerstags nach Bratislava/ČSFR. — Grenzübergang nach Österreich bei Bucsu (13 km westlich).

Tatabánya (N-Ungarn, Transdanubisches Mittelgebirge)

Die Bergwerksstadt Tatabánya (76 000 Einw.) entstand zu Beginn des 20. Jahrhunderts durch die Zusammenlegung von vier Nachbargemeinden. Bedeutende Erweiterungen gab es nach 1945, als viele Wohnblocks errichtet wurden. Die Stadt ist Verwaltungssitz des Bezirkes Komárom.

Tatabánya ist keine schöne Stadt. Es ist vielmehr ein Nebeneinander von In-
dustrieanlagen, Wohnkomplexen und alten Dorfkernen, das auf den Besucher
sehr befremdlich wirkt. Wer von der Autobahn M-1 (Győr — Budapest) an der
Ausfahrt Tatabánya-centrum abfährt, kommt bald an langen Reihen älterer
Mietskasernen und neuerer Hochhäuser vorbei. Der Stadtteil kann seine künst-
liche, geplante Anlage (sozialistische Planstadt) nicht verleugnen; immerhin
hat man sich um intensive Begrünung bemüht. Nimmt man die Ausfahrt
Tatabánya-óváros (Altstadt), so findet man sich in einem Viertel von verwahr-
losten kleinen Häusern, Schrebergärten und Ödland wieder; über allem liegt
eine Kohlenstaubschicht. Große Teile des Ortes sind von dicken oberirdischen
Rohrleitungen durchzogen.
Auf einer Anhöhe nördlich von Tatabánya steht die *Turul-Statue*, die einen sa-
genhaften Vogel mit einer Flügelspannweite von 14 m darstellt. Sie wurde 1896
zur Tausendjahrfeier der ungarischen Landnahme aufgestellt. Interessanter
als der Riesenvogel ist sicherlich die Aussicht von oben, die allerdings oft durch
Rauchschwaden getrübt wird. Nicht weit von der Statue der Eingang zur *Se-
limhöhle* (*Szelim-barlang*).
Während Tatabánya also eher ein Beispiel für verschandelte Landschaft darstellt, ist der kleine Ort Tata wirklich einen Ausflug wert (→ *Tatabánya/Um-
gebung*).

Tatabánya / **Umgebung**

Der Ausflugsort **Tata** (13 km nordwestlich) am Öreg-tó (Alter See) hat viel zu
bieten: direkt am Seeufer steht die Burg, in der archäologische Funde ausgestellt sind. Ein Stück weiter, ebenfalls am See, das einstige Eszterházy-Schloß
(heute Krankenhaus) in einem Park. Auf dem Országgyűlés tér ist ein hölzerner Uhrturm von 1763 zu sehen. Darüberhinaus gibt es eine Reihe kleiner
Wassermühlen (Ady Endre utca 26, Bajcsy-Zsilinszky utca 30, Alkotmány utca 1).

Tatabánya / **Praktische Informationen**

Autoservice: Tankstelle mit Nachtdienst an der Autobahn M-1; bleifreies Benzin an der Shell-Tankstelle bei Tata.
Bademöglichkeiten: Etwa 2-3 km nördlich von Tata liegt die Fényes-Quelle,
bei der es ein Badeterrain mit Sauna gibt.
Camping: ''Nomád Kemping'' in Tatabánya, Tolnai út 14, Tel. 1 15 07 (Kat. III;
geöffnet 1.5. bis 30.9.; schattenlos, manchmal Verkehrslärm; mit Wohnanhän-
ger schwer erreichbar; Lage an der Straße 100 nahe der Überführung der
M-1). — Attraktiver sind die zwei Plätze im Ausflugsort Tata: ,,Öreg-tó Kemping'', Fák+ utca 1, Tel. 8 04 96 (Kat. I; geöffnet 15.4. bis 30.9.; angenehme

Lage nahe Seeufer), und ,,Fényesfürdő Kemping'', Fényesfasor, Tel. 8 15 91
(Kat. II; geöffnet 1.5. bis 30.9).

Einkaufen: Wer nicht nach Tatabánya fahren will, findet auch in Tata alle wichtigen Geschäfte.

Essen und Trinken: In Tata liegt ein Restaurant mit Terrasse (Seeblick) nahe
an der Durchgangsstraße; Café in der Burg. In Tatabánya kaum attraktive Möglichkeiten.

Touristeninformation: Komtourist (Fremdenverkehrsamt), 2890 Tata, Ady Endre utca 9, Tel. 8 06 94. — IBUSZ, 2800 Tatabánya, Felszabadulás tér 18 D.
— Express-Jugendreisebüro, Tatabánya, Komáromi utca 55, Tel. 1 18 21.

Unterkunft: Hotel ,,Árpád'' (Kat. A, Tel. 1 02 99) in Tatabánya. Hotels ,,Kristá-
ly'', Ady Endre utca 22, Tel. 73 (Kat. C) und ,,Malom'', Szabadság tér 8, Tel.
5 30 (Kat. C), in Tata.

Verkehrsverbindungen: 58 Straßen-km von Budapest und 62 Straßen-km von
Győr (beides Autobahn M-1). — Bahnverbindung nach Budapest, Győr, Pápa
und andere Orte. — Straßengrenzübergang in die Tschechoslowakei auf der
Donaubrücke in Komárom.

Telefonieren

Zum Telefonieren braucht man in Ungarn vor allem Geduld! Das Telefonnetz
ist überaltert und hat eine unzureichende Kapazität. Man muß unter Umständen den Wählvorgang mehrmals wiederholen, bis man Anschluß bekommt.
Und selbst dann ist man nicht sicher vor Unterbrechungen.

Telefonzellen sind reichlich vorhanden. Graue und gelbe Apparate ermöglichen nur Ortsgespräche (5- oder 10- Ft.-Münzen verwenden; 7-18 Uhr 3-Min.-
Takt, sonst 6-Min.-Takt). Mit roten Apparaten kann man sowohl Inlandsfernge-
spräche (*belföldi távhívás*) als auch Auslandsferngespräche (*külföldi távhívás*)
führen. Man benötigt dazu 10- oder 20-Ft.-Münzen. Nach Abheben des Hö-
rers wählt man 06 (innerhalb Ungarns) bzw. 00 (für Ausland). Danach wartet
man kurz einen Pfeifton ab und wählt dann weiter ohne Nullen vor der eigentlichen Nummer. Zur Zeit kostet eine Gesprächsminute in die Bundesrepublik
Deutschland etwa 25 Ft.

Manche Ferngespräche sind nur über die **Vermittlung** möglich: innerhalb Ungarns 01, für Ausland 09. Der fremdsprachige Auskunftsdienst in Budapest
hat die Telefonnummer 1 17 22 00. Bedingt durch den Ausbau des Telefon-
netzes kann es zu Änderungen der Telefonnummern kommen.

Wichtige Vorwahlen:

BR Deutschland 00 49,

Schweiz 00 41,

Österreich 00 43,
Ungarn 00 36.

Tiere

Wer nach Ungarn fährt, stellt bereits im Osten Österreichs erstaunt fest, daß
Störche in Mitteleuropa noch nicht ausgestorben sind. Das gilt ganz besonders für Ungarn; in manchen Dörfern gibt es beinahe so viele Störche wie
Häuser, auf Schornsteinen und Laternenmasten sieht man die großen Nester.
Ansonsten ist die Fauna (Tierwelt) Ungarns stark dezimiert, was in erster Linie auf die außerordentlich intensive Landwirtschaft mit Maschineneinsatz zurückzuführen ist. Es gibt in Sumpf- und Schilfgebieten und im Mittelgebirge
noch einige Rückzugs- und auch **Schutzgebiete seltener Tierarten**, z.B. Rei-
her, Ibis, Lachmöwe. Es existiert im übrigen ein reicher Wildbestand, insbesondere gibt es viele Damhirsche. In der Donau, dem Balaton und dem Velence-
See gibt es großen Fischreichtum.

In der Landwirtschaft spielt die Viehhaltung eine sehr bedeutende Rolle: Rinder
und vor allem Schweine sowie riesige Geflügelscharen sind überall zu beob-
achten, besonders in der Tiefebene Südungarns. Wer Haustiere mit nach Ungarn nehmen will, benötigt (für Hund und Katze) eine Tollwut-
Impfbescheinigung, die mindestens 30 Tage alt sein muß. Außerdem wird ein
Gesundheitszeugnis vom Amtsarzt gefordert, das nicht älter als 14 Tage sein
darf. Hunde müssen unbedingt gegen Staupe geimpft sein. In den meisten
Restaurants und Hotels sowie allen Freibädern besteht Hundeverbot; vielerorts Maulkorbzwang.

Tihany →*Balaton*

Tokaj (NO-Ungarn, Nordungarisches Mittelgebirge)

Der historische Weinort Tokaj (nur 5300 Einw.) an der Einmündung der Bodrog in die Theiß (Tisza) ist weit über die Landesgrenzen hinaus berühmt. Tokaj zieht sich am Osthang des 512 m hohen Tokaji-hegy, eines erloschenen
Vulkankegels, entlang, der als südlichster Zipfel der Bergkette Hegyalja bereits weit in die Große Tiefebene hineinragt. Im Ort fühlt man sich vielleicht
ein wenig an ein Moseldorf erinnert, doch Tokaj wirkt verschlafener: es gibt
weniger Rummel und Durchgangsverkehr (jedenfalls bis heute). In Tokaj selbst
und vor allem im Nachbardorf Bodrogkeresztúr wimmelt es von Storchenne-
stern auf Schornsteinen. Im Sommer gibt es regelmäßig langanhaltende Schönwetterperioden; wenn es aber einmal regnet, dann oft so heftig, daß der Fluß
Bodrog über seine Ufer tritt.

Der Weinbau in der Hegyalja-Region hat eine lange Tradition: seit dem 16. Jahrhundert ist der *Tokajer* als „Wein der Könige — König der Weine" weltberühmt. Päpste, Könige und Zaren ließen sich damit beliefern. In der Tat bieten die Lößböden mit den vulkanischen Verwitterungsrückständen und die Klimagunst ideale Ausgangsbedingungen. Die Lese findet im Spätherbst statt (Winzerfest). Es gibt vier Tokajer Weinsorten: am weitesten verbreitet ist der „Furmint", dann folgen der „Hárslevelű" (Lindenblättriger) und der „Muskotály" (Muskateller); Spitzensorte ist der „Aszú" (Ausbruch) in den Abstufungen 2- bis 6-buttig. Rotwein gibt es in der Region nicht.

Das *Anbaugebiet Tokaj-hegyalja* erstreckt sich heute auf etwa 5000 ha und umfaßt 28 Ortschaften. Die bedeutendsten sind außer Tokaj noch Tarcal (auf der Rückseite des Weinberges von Tokaj) sowie Tolcsva, Tállya und Mád (jenseits der Straße 37 von Miskolc nach Sárospatak).

Tokaj / **Sehenswürdigkeiten**

In Tokaj gibt es eine unscheinbare *Burgruine* (auf dem der Altstadt gegenüberliegenden Bodrog-Ufer) sowie einige *Weinkeller*; der beeindruckendste ist der Rákóczi-Keller am Kossuth tér 13 (mit 24 Gängen und einer Gesamtlänge von 1500 m). Von den Weinbergen aus hat man Aussicht über den Ort bis in die Große Tiefebene hinein, die unmittelbar jenseits des Flusses beginnt (dazu geht man am besten vom Kossuth tér aus die Dózsa György utca hinauf). — In **Tarcal** gibt es ein Weinmuseum; in **Tolcsva** und **Tállya** gibt es je ein kleines Landschlößchen; in **Mád** steht eine kleine Synagoge; in **Bodrogkeresztúr** kommt man auf der Durchgangsstraße unmittelbar an den Kellern des staatlichen Weinkombinats vorbei, wo man sehen kann, wie Fässer geschwefelt und für die nächste Befüllung hergerichtet werden.

Tokaj / **Praktische Informationen**

Ärztliche Versorgung: Apotheke am Kossuth tér.

Autoservice: Tankstelle an der Tarcali utca.

Bademöglichkeit: Schwimmen in der Theiß möglich; man kann sich am Campingplatz erkundigen.

Camping: „Tisza Kemping" am Theißufer gegenüber dem Ort, neben der Straßenbrücke (Tel. 17; Kat. II; geöffnet 15.4. bis 30.9.; Wiesengelände mit hohen Bäumen, gelegentlich Überflutungsgefahr durch den Fluß; mäßige Sanitäranlagen; 5 Minuten zu Fuß in den Ort).

Einkaufen: Neues, großes Warenhaus mit guter Lebensmittelabteilung am Kossuth tér.

Essen und Trinken: Gutes Restaurant im Hotel „Tokaj" nahe der Brücke (Rákóczi utca 3). „Halászcsárda" (Fischgaststätte) mit Theißblick in der Münnich

F. utca. Diverse Weinkeller; zur Weinprobe am Kossuth tér 13 oder gegenüber der Brücke. Die Keller schließen abends zeitig, so daß man dann höchstens noch am Campingbuffet offenen Tokajer oder andere Getränke zu sich nehmen kann.

Post: Rákóczi utca 24.

Sportmöglichkeiten: Auf einem Schild am Campingplatz findet man den Hinweis, hinter dem Hotel „Tokaj" könne man Kajaks, Wasserski, Fahrräder und andere Sportgeräte ausleihen.

Touristeninformation: Fremdenverkehrsamt in der Tarcali utca, Tel. 17. — „Tokaj Wine Tours" auf der Rákóczi utca 39.

Unterkunft: Neben vielen einfachen Privatzimmern, die durch Schilder an den Häusern angeboten werden, gibt es seit ein paar Jahren das Hotel „Tokaj", Rákóczi utca 3, Tel. 2 01 (Kat. B; freitags und samstags Disco von 20 bis 2 h).

Verkehrsverbindungen: 225 Straßen-km von Budapest. — Bahnstation an der Baross G. utca (Richtung Tarcal): Züge nach Budapest, Miskolc, Nyíregyháza und Debrecen. — VOLÁN-Busse in die kleineren Ortschaften der Gegend.

Touristeninformation

Für die Reiseplanung fordert man am besten zunächst Prospekte an. Entweder beim *Ungarischen Fremdenverkehrsamt,* Baseler Str. 46-48, W-6000 Frankfurt/M., Tel. 0 69/25 20 18, oder bei einer der Zweigstellen des *Ungarischen Reisebüros IBUSZ:*

— Großer Burstah 53, W-2000 Hamburg 11, Tel. 0 40/36 43 99 und 37 30 78;
— Mauritiussteinweg 114-116, W-5000 Köln 1, Tel. 02 21/21 91 02;
— Schäfergasse 17, W-6000 Frankfurt/M. 1, Tel. 0 69/2 99 88 70;
— Kronprinzenstr. 6, W-7000 Stuttgart 1, Tel. 07 11/29 62 32;
— Dachauer Str. 5, W-8000 München 2, Tel. 0 89/55 72 17;
— Kärntner Str. 26, A-1010 Wien, Tel. 02 22/5 12 07 47;
— Pfeiffergasse 5, A-5020 Salzburg, Tel. 06 62/84 22 97;
— Freigutstr. 5, CH-8002 Zürich, Tel. 01/2 01 17 60.

Die dort erhältlichen Informationen sind recht brauchbar und reichhaltig. Neben einer kleinen Straßenübersichtskarte gibt es eine Campingkarte, Faltblätter über einzelne Gegenden des Landes, Veranstaltungskalender, Hotelverzeichnisse, Faltblätter für Radfahrer, Jäger, Wassersportler und solche speziell für junge Leute. Es lohnt sich also, möglichst konkrete Anfragen dorthin zu schicken. Wer bereits einen Zielort ins Auge gefaßt hat, wendet sich besser an das *örtliche Fremdenverkehrsamt* in Ungarn (Anfragen in deutscher Sprache werden in der Regel verstanden; vollständige Anschriften →*jeweilige Orte*). Während des Aufenthaltes in Ungarn wendet man sich entweder auch an IBUSZ oder an die jeweiligen *Fremdenverkehrsämter* (*idegenforgalmi hivatal*), die meistens gute Informationsbroschüren und Stadtpläne ausgeben. Der Verband aller Fremdenverkehrsämter des Landes ("*Hungarotours*") ist auf der Akácfa utca 20, H-1072 Budapest, Tel. 41 38 89.

Speziell für Jugendliche gibt es das ,,*Express-Jugendreisebüro*'' mit Sitz am Szabadság tér 16, H-1054 Budapest V., Tel. 31 77 77 (außerdem: Semmelweis utca 4, H-1052 Budapest V., Tel. 17 66 34; Filialen in allen größeren Orten Ungarns).

Für Autofahrer, die Mitglied in einem Autoclub sind, gibt es die Möglichkeit, sich Touren ausarbeiten zu lassen (→*Automobilclubs*).

Trinken →*Essen und Trinken*

Unterhaltung

Mag der Aufenthalt in Ungarn auch noch so angenehm sein, der Unterhaltung sind enge Grenzen gesetzt, vor allem durch die Sprache. Außerhalb der touristisch relevanten Gebiete gibt es keine deutschsprachigen Kino- oder Theaterveranstaltungen. Freilich kann der Besuch einer der zahlreichen Freilichtaufführungen und Folkloreveranstaltungen im Sommer (→*Feiertage und Feste*) ein Erlebnis sein, aber man fühlt sich doch ein wenig isoliert. Da es auch nicht sehr viele Nachtlokale gibt (außer vielleicht in Budapest), wird man sich möglicherweise in einem Weinkeller wiederfinden, wo man bald unter anderen Touristen sitzt. Gute Tips findet man übrigens am ehesten in der deutschsprachigen ,,Budapester Rundschau'' oder in dem Magazin ,,Programme Ungarn'' (beide an Kiosken erhältlich).

Fazit: in Budapest und am Balaton wird man kaum Langeweile haben, in der Provinz sollte man sich auf einen geruhsamen Aufenthalt einstellen.

Unterkunft

Es gibt eine große Auswahl verschiedener Unterkünfte in Ungarn. Neben Campingplätzen (→*Camping*), auf denen oft auch Blockhütten vermietet werden, sind Privatzimmer preiswert und beliebt. Meist handelt es sich dabei um einen Raum innerhalb der Wohnung des Vermieters. Privatzimmer gibt es überwiegend in den typischen Touristenregionen; in größeren Städten kann es sich dabei auch durchaus um Räume in einem Wohnblock bzw. Hochhaus handeln. Die Vermittlung erfolgt in der Regel über das örtliche Touristenbüro; in manchen Gegenden (z.B. am Balaton) sind freie Zimmer oft an den Häusern angeschrieben (*szoba kiadó* = Zimmer zu vermieten). Ein Doppelzimmer, fast immer ohne Frühstück, kostet selten mehr als 20 DM.

Man kann auch Appartements und Ferienhäuser mieten. Jugendherbergen wie in Westeuropa findet man nicht; es besteht aber im Sommer vielerorts die Möglichkeit zur Übernachtung in Studentenwohnheimen (im örtlichen Express-Jugendreisebüro nachfragen). Pro Nacht zahlt man dort kaum mehr als 2-3 DM.

Hotels sind eingeteilt in die Kategorien Luxus, A, B und C. Ein Haus der B-Kategorie existiert in fast jeder Kleinstadt. Ein Doppelzimmer ist schon ab etwa 18 DM, in Budapest ab etwa 30 DM zu bekommen. Generell läßt sich sagen, daß die Balaton-Region und Budapest merklich höhere Preise haben als andere Gegenden des Landes, wo man möglicherweise über die niedrigen Preise erstaunt ist. Besonders in der Nebensaison gibt es →*Ermäßigungen* bei fast allen Unterkunftsarten. Wer von Deutschland aus bucht, muß meist erheblich mehr zahlen als bei der Suche am Ort selbst; ausgenommen sind natürlich günstige Pauschalreisen diverser Veranstalter. Zu bedenken ist aber, daß im Hochsommer eine Reservierung für Unterkünfte am Balaton unerläßlich ist.

Um Informationen zu bekommen, schreibt man am besten gezielt an das Fremdenverkehrsamt des in Frage kommenden Ortes oder Bezirkes in Ungarn. Oder man sendet seine konkreten Vorstellungen (Unterkunftsart, Personenzahl, Zeitraum, Preisobergrenze, Ort bzw. Region) an eine IBUSZ-Vertretung im Heimatland und läßt sich ein Angebot unterbreiten (→*Touristeninformation*).

Vác (N-Ungarn, Nordungarisches Mittelgebirge)

Für Touristen in Budapest gehört ein Ausflug in die Bischofsstadt Vác (36 000 Einw.) fast schon zum Standardprogramm. Das Barockstädtchen liegt etwa 35 km nördlich (donauaufwärts) vom Zentrum der Hauptstadt. Durch den Donauhafen erhielt die Stadt zwar etliche Industriebetriebe, jedoch erwies sich die Ortslage innerhalb der heutigen Landesgrenzen als ziemlich ungünstig: trotz seiner Nähe zu Budapest blieb Vác abseits der wichtigsten Verkehrslinien, und das, obwohl bereits 1846 die erste ungarische Eisenbahn ausgerechnet von Pest nach Vác verkehrte! Vác liegt nämlich in einer Art Sackgasse: die östliche Donauuferstraße endet 27 km „hinter" Vác an der tschechoslowakischen Grenze (dort kein Übergang!); die Fernstraße 2, die durch Vác führt, ist wohl die einzige, die innerhalb Ungarns ziemlich bedeutungslos ist, da sie praktisch nur dem Verkehr in die ČSFR dient und sonst keine bedeutenderen Städte berührt. Zwischen diesen beiden Straßen liegt das herrliche Börzsöny-Gebirge, in dem es nur einige Dörfer gibt und das zu ausgedehnten Wanderungen einlädt. Und eine Brücke zum wesentlich begünstigteren anderen Donauufer gibt es auch nicht; es existiert lediglich eine Fährverbindung über die Flußinsel von Szentendre (Szentendrei-sziget) hinweg. — Ehemaliger deutschsprachiger Ortsname: Waitzen.

Vác / Sehenswürdigkeiten
Nicht weit vom Donauufer entfernt liegt der Konstantin tér: mitten auf dem Platz erhebt sich der klassizistische *Dom* (erbaut um 1770). In einem kleinen Park am benachbarten Vak Bottyán tér steht der *Bischofspalast* (ebenfalls von 1770); in der gegenüberliegenden Múzeum utca das *Vak-Bottyán-Museum* mit ortsgeschichtlichem und archäologischem Material. Am Március 15. tér verdient das *Rathaus* Beachtung. Zu guter Letzt gibt es gar noch einen *Triumphbogen*, den einzigen in Ungarn, 1764 anläßlich eines Besuchs der Kaiserin Maria Theresia errichtet; er steht auf der Köztársaság út.

Vác / Umgebung
Ein kleiner Ort in der ansonsten so wenig beachteten Gegend ist in den letzten Jahren in die Schlagzeilen geraten: das einstmals vornehme **Nagymaros** (5100 Einw.), das genau gegenüber dem Ausflugsziel Visegrád (→*Esztergom/Umgebung*) an der Donau liegt. Hier sollte die zweite Staustufe des heftig umstrittenen Donaukraftwerks Gabčikovo/Nagymaros (ČSFR/Ungarn) entstehen, das aber 1989 von der ungarischen Regierung fallengelassen wurde.

Vác / Praktische Informationen
Autoservice: Tankstelle und Werkstatt an der Durchgangsstraße.
Bademöglichkeit: Freibad im Uferbereich (Ady Endre sétány).
Camping: In Vác selbst ist kein Campingplatz; die nächstgelegenen sind in Diósjenő (ca. 20 km nordwestlich im Börzsöny-Gebirge), in Leányfalu (gegenüberliegendes Donauufer), in Tahitótfalu (auf der Flußinsel), in Dunakeszi und in Nagymaros.
Einkaufen: Warenhaus nahe am Bahnhof, Markt an der Lőwy S. utca.
Post: Beloiannisz utca. — Telefonvorwahl 27.
Touristeninformation: Dunatours (Fremdenverkehrsamt), 2600 Vác, Széchenyi utca 14, Tel. 1 09 40 und 1 09 50. — IBUSZ, Széchenyi utca 4, Tel. 1 20 11.
Verkehrsverbindungen: Außer Bahn- und Busverbindungen gibt es auch einen regelmäßigen Schiffsverkehr nach Budapest. Über die Donau in der näheren Umgebung nur Fähren! Keine Brücke!

Velence-See →*Székesfehérvár*
Veranstaltungen →*Feiertage und Feste*

Verkehr

Das ungarische Straßennetz ist sternförmig auf die Hauptstadt Budapest ausgerichtet. Am Budaer Kopf der berühmten Kettenbrücke (→*Budapest*) steht
der in Stein gehauene Kilometerstein O, von dem aus die 8 radialen *Fernstraßen* in die Provinz hinaus im Uhrzeigersinn numeriert und kilometriert sind.
Teilweise sind sie als Autobahn ausgebaut und mit einem M vor der Nummer
gekennzeichnet. Im einzelnen:
1/M-1 Budapest — Győr — (Wien);
2 Budapest — Vác — (ČSFR);
3/M-3 Budapest — Miskolc — (ČSFR);
4 Budapest — Debrecen — (UdSSR);
5/M-5 Budapest — Szeged — (Belgrad);
6 Budapest — Pécs — (Jugoslawien);
7/M-7 Budapest — Balaton — (Jugoslawien);
8 bis Székesfehérvár wie Nr. 7, dann weiter Veszprém — (Graz).
Alle anderen ungarischen Straßen (zwei- und dreistellige Nummern), insbesondere die Querverbindungen in der Provinz zwischen den 8 Fernstraßen,
sind von deutlich geringerer Bedeutung. Der **Zustand** der meisten Straßen ist
recht gut, viele Straßen sind über weite Strecken schnurgerade, und das im
allgemeinen schwache Verkehrsaufkommen (vor allem in Nord- und Ostungarn) erlaubt entspanntes Fahren. Gerade die Nebenstraßen erschließen oft
besonders reizvolle Gegenden.
Will man über Budapest weiter nach Osten, so sollte man sich vorher einigermaßen mit der Lage der Donaubrücken in der Stadt vertraut machen; eine
Durchquerung der Innenstadt bleibt einem nämlich nicht erspart, da es keine
Ringstraße um die Hauptstadt gibt. Der Autobahnring (M-0) ist kaum über das
Planungsstadium hinaus (der vielfach ausgeschilderte ,,Hungaroring'' ist eine Autorennbahn im Osten der Stadt!).
Abgesehen von vielen Einbahnstraßen und teilweise miserablem Kopfstein-
pflaster in manchen Innenstädten dürfte es aber kaum Probleme mit dem Stra-
ßenverkehr geben. Das Autofahren in Ungarn erfordert also keine nennenswerte Umstellung. Die meisten Einheimischen fahren ziemlich umsichtig, und
die Verkehrsregeln entsprechen im Grunde den unsrigen.
Knapp einige **Besonderheiten**: Alkohol am Steuer ist völlig tabu (0,0 Promil-
le!); Hupverbot in Budapest außer bei Gefahr; Gurte sind grundsätzlich anzu-
legen; Kinder unter 6 Jahren müssen auf den Rücksitz; Motorradfahrer müssen auch bei Tage mit Abblendlicht fahren; Autos dürfen weder zusätzliche
Bremsleuchten noch heruntergelassene Jalousien im Heckfenster haben; Straßenbahnen haben immer Vorfahrt (auch im Kreisverkehr), nachts muß man

überall mit unbeleuchteten Pferdewagen und Fahrrädern rechnen; an Bahnübergängen unbedingt langsam fahren (Fahrbahnschäden!). Überholverbot
in Kurven, an Kreuzungen und Bahnübergängen.

Die **Verkehrszeichen** tragen die uns bekannten Symbole. Schwierig wird es
in Ungarn allerdings fast immer, wenn zusätzliche Hinweise in Worten darun-
tergeschrieben sind, was aber selten der Fall ist. Hier einige wichtige Wörter
zur Orientierung: *híd* = Brücke, *tér* = Platz, *út/ -útja/utca* = Straße, *útépítés*
= Straßenbaustelle, *pihenőhely* = Rastplatz, *parkolóhely* = Parkplatz, *bejá-
rat* = Einfahrt, *kijárat* = Ausfahrt, *km/ó* = km/h, *kivéve célforgalom* = Anlie-
ger frei.

→ *Geschwindigkeitsbeschränkungen, Reisen im Land, Straßengebühren*

Versicherungen

Autoversicherungen: Es ist die übliche Haftpflichtversicherung vorgeschrieben. Sie wird bei Kraftfahrzeugen mit deutscher, österreichischer oder schwei-
zerischer Nummer grundsätzlich vorausgesetzt und an der Grenze nicht eigens kontrolliert. Die Mitnahme der Grünen Karte (die auch in Ungarn gilt)
ist dennoch anzuraten.

Die ungarischen Versicherungen, bei denen eventuelle Schadensfälle zu mel-
den sind:

— *Hungária Biztosító*, Gvadányi utca 69, Budapest XIV, Tel. 83 53 50 und
83 65 27;

— *Állami Biztosító*, Hamzsabégi út 60, Budapest XI, Tel. 66 97 55.

Um selbstverschuldete Schäden am Auto abzudecken, kann man daheim noch
eine Vollkasko-Versicherung (eventuell mit Selbstbeteiligung) abschließen. Das
ist auch monatsweise möglich, aber in der Relation viel teurer als für ein gan-
zes Jahr. Ein Auslandsschutzbrief (z.B. ADAC) gilt in vollem Umfang auch in
Ungarn. Da zur Zeit die staatliche Versicherung für Kraftfahrzeuge in Ungarn
aufgelöst wird, ist u. U. damit zu rechnen, daß auch unversicherte einheimische Autos auf den Straßen fahren!

Reisegepäckversicherung: Jeder sollte selbst entscheiden, ob sich der Auf-
wand einer Reisegepäckversicherung lohnt. Natürlich kann unterwegs etwas
abhanden kommen; gestohlen wird in Ungarn jedenfalls wenig. Die Versiche-
rungstarife betragen etwa 7 bis 8 DM je 1000 DM Versicherungssumme und
8 Tagen Geltungsdauer.

Krankenversicherung → *Krankenscheine*

Veszprém (W-Ungarn, Transdanubisches Mittelgebirge)

Die überaus reizvolle Stadt Veszprém (55 000 Einw.) ist auf fünf Hügeln erbaut und erinnert mit ihren Barockbauten, engen Gassen, Brücken und einigen Mühlen an längst vergangene Zeiten. Mindestens hundert Gebäude stehen unter Denkmalschutz. Veszprém ist der größte Ort im Bakony-Gebirge,
welches als Teil des Transdanubischen Mittelgebirges den Balaton (Plattensee) im Norden begrenzt. Obwohl die Stadt 17 km vom See entfernt liegt, ist
sie doch das kulturelle Zentrum für das Balaton-Nordufer. Ferner ist Veszprém
Amtssitz des gleichnamigen Bezirks, der keineswegs überall so schön ist wie
in Seenähe; im Bakony-Gebirge prägt vielerorts der Bergbau (Bauxit, Braunkohle, Manganerz) mitsamt seinen Förder- und Verladeanlagen das Landschaftsbild.

Veszprém / Geschichte

Eine Besiedlung ist schon für die Steinzeit nachgewiesen. Auch aus der Römerzeit gibt es interessante Funde. Bereits im Jahre 1009 wurde Veszprém
eines der ersten ungarischen Bistümer mit einer Kathedrale auf dem höch-
sten Hügel der (heutigen) Stadt. 1241 zerstörten die Mongolen das Bauwerk,
1276 und 1308 gab es große Brandkatastrophen. Jedesmal erfolgte der Aufbau im gotischen Stil. Die Stadt litt während der Türkenkriege stark und wurde 1704 von den Habsburgern geplündert und in Brand gesteckt. Das Bild
des heutigen Stadtkerns stammt im wesentlichen aus dem Barockzeitalter.

Veszprém / Sehenswürdigkeiten

Die interessanten Punkte im Stadtzentrum sind zum größten Teil nur wenige
Schritte voneinander entfernt. Vom vieleckigen Szabadság tér (Freiheitsplatz),
wo das *Rathaus* steht, geht man durch die kurze Rákóczi utca zum Vörös Hadsereg tér (Rote-Armee-Platz). Durch das *Heldentor* (*Hősök kapuja*) von 1936
betritt man das eigentliche Burggelände. Im Torgebäude ist eine stadtgeschicht-
liche Sammlung untergebracht. Neben dem Tor steht der *Feuerturm*, der mit
einem schönen Glockenspiel ausgestattet ist.

Innerhalb des Burgbezirks gibt es nur eine einzige Straße, die Vár utca, die
sich im Mittelabschnitt platzartig verbreitert (hier finden im Sommer gelegentlich
Freilichtkonzerte statt). Dicht beieinander stehen die *Kathedrale*, der *Bischofspalast* (Ende 18. Jahrhundert), die *Gisela-Kapelle* (*Gizella-kápolna*) und die
Ruinen der *St.-Georgs-Kapelle* (*Szent György-kápolna*). Am Ende des Stra-
ßenzuges ergibt sich eine herrliche Aussicht auf die Stadt und das Tal des
Séd-Baches, das von einer 46 m hohen *zweibogigen Eisenbetonbrücke* über-
spannt wird.

Außerhalb des mit Kunstdenkmälern reich bestückten Burgbergs gibt es noch etliche reizvolle Straßen und Gassen zu entdecken, besonders unten am Bach. Im übrigen lohnt sich noch der Besuch des *Lenin-Parks* (*Lenin-liget*) im Süden des Stadtkerns; dazu geht man von dem eingangs erwähnten Szabadság tér genau in die entgegengesetzte Richtung. Im Lenin-Park liegt das *Bakony-Museum*, das reichhaltiges ethnographisches, naturkundliches und archäologisches Material aus dem umgebenden Bakony-Gebirge präsentiert; ein originalgetreues Bauernhaus der Gegend steht dort ebenfalls.

Veszprém / **Umgebung**

In **Várpalota** (17 km nordöstlich), einem Zentrum des Bauxitbergbaus und der Aluminiumindustrie, steht ein Burgpalast aus der Mitte des 15. Jahrhunderts, der dem Ort seinen Namen gab (darin Chemisches Museum und Ausstellung zur Ortsgeschichte). Sehenswert ist auch die Zisterzienserabtei in **Zirc** (23 km nördlich) und die alte Porzellanmanufaktur in **Herend** (15 km westlich).

Veszprém / **Praktische Informationen**

Autoservice: Tankstelle an der Durchgangsstraße 8.

Camping: Kein Campingplatz am Ort, auch in der näheren Umgebung nicht. Entweder am →*Balaton* oder in Farkasgyepű (28 km nordwestlich an der Landstraße 83 nach Pápa).

Einkaufen: Moderner Ladenbereich am Münnich F. tér.

Essen und Trinken: Restaurant „Magyaros" in der Kossuth L. utca 6. Restaurant „Vadásztanya" in der József Attila utca 22.

Touristeninformation: Balatontourist (Fremdenverkehrsamt), 8200 Veszprém, Münnich F. tér 3, Tel. 1 37 50. — IBUSZ, Kossuth L. utca 6, Tel. 1 24 25. — Express-Jugendreisebüro im gleichen Haus, Tel. 1 21 73.

Unterkunft: Hotel „Veszprém", Budapest utca 6, Tel. 1 23 45 (Kat. B).

Verkehrsverbindungen: 112 Staßen-km von Budapest. — Bahnhof im Norden der Stadt: Züge nach Budapest, Székesfehérvár, Szombathely, Győr und in andere Orte. — VOLÁN-Busse in dieselben Städte und zum Balaton. — Praktische Ortsumgehung, da die Fernstraße 8 im Halbkreis südlich um Veszprém herumführt.

Visum →*Dokumente*
Währung →*Geld*
Wetter →*Klima*

Wirtschaft

Landwirtschaft: Etwa 70 % der Gesamtfläche Ungarns werden landwirtschaftlich genutzt (Platz 1 in Europa!), allerdings handelt es sich auch um eines der waldärmsten Länder Europas. Rund ein Fünftel aller Erwerbstätigen ist noch in der Landwirtschaft tätig. 92 % der Nutzfläche gehören zu Staatsgütern oder Genossenschaftsbetrieben, 8 % werden privat bestellt. Hauptagrargebiete sind Mittel- und Südungarn. Unter den Produkten spielen Mais, Weizen, außerdem Zuckerrüben, Gemüse, Obst und Wein (tausendjährige Tradition!) eine große Rolle. Die ebenfalls bedeutende und sehr exportorientierte Fleischproduktion basiert in erster Linie auf Geflügel- und Schweinehaltung, in geringerem Maße auf Rinderhaltung. Fische werden vielfach in Teichen gezüchtet.

Industrie, Bergbau: Eine spürbare Industrialisierung setzte erst nach dem Zweiten Weltkrieg ein. Die allzu starren Vorgaben der Planwirtschaft wurden seit 1968 zugunsten von mehr Marktwirtschaft revidiert. Ungarns großes Problem ist der Mangel an Rohstoffen und Energieträgern; lediglich Bauxit und Braunkohle sind in beachtlichen Mengen vorhanden. Weiterverarbeitende Zweige sind insbesondere der Maschinen- und Fahrzeugbau: mit einer Jahresproduktion von jährlich über 13 000 Autobussen gehörten die ,,Ikarus''-Werke in Budapest zur Weltspitze; jetzt gibt es in den osteuropäischen Ländern große Absatzprobleme. Daneben sind die elektrotechnische und chemische Industrie von Bedeutung. Die Nahrungs- und Genußmittelbetriebe decken den Inlandsbedarf hinreichend und sind ein wichtiger Faktor für den Export, vor allem auch nach Westeuropa.

In den letzten Jahren gab es etliche wirtschaftspolitische Neuerungen, die alle das Ziel verfolgen, Ungarns Anschluß an den Weltmarkt zu erreichen: seit 1982 sind private Kleinbetriebe zugelassen (vor allem im Dienstleistungsbereich, zur Verbesserung der Versorgungslage), seit 1983 sind über 5000 gemischte Betriebe mit ungarischer und westlicher Beteiligung entstanden (joint ventures), und seit 1986 dürfen Produktionsbetriebe selbständige Außenhandelsgeschäfte tätigen.

Tourismus: Bis Mitte der 60er Jahre war Ungarn kein typisches Reiseland. Seitdem hat die Zahl der Auslandsgäste sprunghaft zugenommen und lag 1990 bei über 37 Millionen pro Jahr (einschl. Transitreisende); das ist das Dreieinhalbfache der Bevölkerungszahl des Landes! 98 % der Besucher kommen aus europäischen Ländern, insbesondere aus der Tschechoslowakei, Österreich, Polen, Jugoslawien und Deutschland. Der Fremdenverkehr konzentriert sich stark auf Budapest und den Balaton; er bringt 8 bis 10 % des Nationaleinkommens ein.

Handel: Ungarns Auslandsverschuldung ist sehr hoch. Allein die Einfuhr von Öl und Rohstoffen (neben Maschinen, Kraftfahrzeugen und anderen Gütern) belastet die Handelsbilanz erheblich. Die Ausfuhr (besonders Nahrungsmittel, Maschinen, pharmazeutische und chemische Erzeugnisse, Textilien) hat hingegen teilweise mit harter Konkurrenz und fallenden Preisen in westlichen Ländern zu kämpfen. Ein Teil der negativen Handelsbilanz kann aber immerhin mit den Einnahmen aus dem Tourismus ausgeglichen werden. Haupthandelspartner sind die Sowjetunion, die EG-Länder (besonders die Bundesrepublik Deutschland), Österreich und die Tschechoslowakei. Unverkennbar ist das Bestreben Ungarns, den Anschluß an die westlichen Märkte zu schaffen.
→*Geographie, Politik*

Zalaegerszeg (W-Ungarn, Alpenvorland)

Aus einem Marktflecken des 12./13. Jahrhunderts entwickelte sich Zalaegerszeg, die heutige Hauptstadt des Bezirks Zala mit 55 000 Einwohnern. Erst nach 1930 gab es in Zalaegerszeg einen industriellen Aufschwung durch die einsetzende Ölförderung. Später wurde auch eine Raffinerie gebaut. Eine große Zahl von Hochhäusern am Stadtrand läßt erkennen, daß hier ein unbedeutendes Dorf in kurzer Zeit den Wandel zur Industriestadt durchgemacht hat. Zalaegerszeg wartet nicht mit bedeutenden Sehenswürdigkeiten auf. Bei einem Rundgang könnte man die folgenden drei Barockgebäude ansehen: das *Komitatsrathaus* am Széchenyi tér, die *Kirche* am benachbarten Kovács Károly tér und das *Gerichtsgebäude* am Szabadság tér. Interessanter ist das *ethnographische Göcsej-Museum* am Marx tér (mit Freilichtmuseum); außerdem ein kleines *Museum der Ölindustrie*. 18 km nördlich das Schloß **Egervár** (heute Touristenhotel).

Zalaegerszeg / **Praktische Informationen**

Autoservice: Bleifrei-Tankstelle an der Balatoni út.
Camping: Nächste Plätze in Nagykanizsa (50 km südlich) oder am Balaton.
Touristeninformation: Zalatour (Fremdenverkehrsamt), 8900 Zalaegerszeg, Kovács K. tér 1, Tel. 1 14 43.- IBUSZ, Disz tér 4. — Express-Jugendreisebüro, Disz tér 3, Tel. 1 41 44.
Unterkunft: Hotel ,,Balaton'' im Stadtzentrum (Kat. B).
Verkehrsverbindungen: 223 Straßen-km von Budapest. — Züge und Busse nach Szombathely, Nagykanizsa und zum Balaton.

Zeit

In Ungarn gilt die Mitteleuropäische Zeit mit Sommerzeit. Die Uhren werden also bei der Ein- oder Ausreise nicht umgestellt.

Eine Besonderheit in Ungarn ist die Schreibweise des Datums: grundsätzlich in der Reihenfolge Jahr-Monat-Tag, also beispielsweise statt 29.5.1989 eben 1989.V.29.

Zeitungen

Auch in den kleineren Städten findet man oftmals eine Verkaufsstelle (Aufschrift *hírlap*), die neben österreichischen Boulevardblättern auch die „Frankfurter Allgemeine" oder die „Süddeutsche Zeitung" führt. Zumindest in Budapest sind auch die gängigen deutschsprachigen Wochenzeitungen zu bekommen.

An vielen Stellen, z.B. in manchen Informationsbüros oder an Campingrezeptionen, liegt die deutschsprachige „Budapester Rundschau" aus, die wöchentlich erscheint und neben einer Auswahl von politischen und kulturellen Nachrichten immer auch eine Reihe von Veranstaltungshinweisen und praktische Informationen bietet. Über das Geschehen innerhalb Deutschlands gibt es dort aber kaum etwas zu lesen.

Die Situation ist in Ungarn auf jeden Fall besser als in anderen osteuropäischen Staaten.

→*Radioprogramme*

Zoll

Die ungarischen Zollbeamten beschränken sich bei der Ein- und Ausreise meist auf einen kurzen Blick in den Kofferraum und das Wageninnere. Dabei sind sie normalerweise nicht kleinlich. Touristen dürfen praktisch alle Dinge mitnehmen, die auch innerhalb Westeuropas erlaubt sind. Für die Mitnahme von CB-Funkgeräten und Jagdwaffen benötigt man eine Erlaubnis (bei IBUSZ erkundigen, →*Touristeninformation*).

Verboten ist die **Einfuhr** von Angriffswaffen und Rauschgiften. Die Mitnahme von Druckerzeugnissen ist seit einiger Zeit nicht mehr reglementiert, dennoch sollte man es unterlassen, rassistische Schriften mitzuführen. Für die Einfuhr von Waren über 10 000 Ft. müssen 30 % Zoll gezahlt werden, berechnet nach ungarischen Handelspreisen. Kraftfahrzeuge können bis zu 6 Monaten zollfrei mit nach Ungarn genommen werden, sind jedoch auf jeden Fall auch wieder außer Landes zu bringen. Die Einfuhr von westlichen Währungen sowie Schecks ist unbegrenzt. Ungarisches Geld darf nur in sehr geringer Menge (maximal 100 Ft.) eingeführt werden.

Bei der **Ausfuhr** gibt es folgende Beschränkungen: Geschenke bis 3000 Ft., Fleischwaren bis 1 kg, 200 Zigaretten, 2 Liter Wein und 1 Liter Spirituosen. Benzin darf nur im eingebauten Tank mitgenommen werden. Für Gold, Silber, Platin sowie Briefmarken in größeren Mengen und museale Gegenstände besteht Ausfuhrverbot. Ebenso für ungarische Geldbeträge über 100 Ft. Wer größere Mengen Lebensmittel, Textilien, Medikamente oder gar technisches Gerät ausführen will, sollte zwecks Genehmigung beim Informationsdienst des ungarischen Zoll- und Finanzamtes nachfragen (*Vám-és Pénzügyőrség Információs Szolgálata*, Szent István tér 11 B, Budapest V, Tel. 32 69 43) geöffnet Mo - Fr 8.30 - 16.00 h).